Am Neubaugebiet ist ein Park

Theaterstück

Jens Böhme

Bibliografische Information
der Deutschen Nationalbibliothek:
Die Deutsche Nationalbibliothek verzeichnet
diese Publikation in der Deutschen
Nationalbibliografie; detaillierte bibliografische
Daten sind im Internet über http://dnb.dnb.de
abrufbar.

Impressum
© 2017 Jens Böhme
1. Auflage
Herstellung und Verlag:
BoD – Books on Demand, Norderstedt

Korrektorat: Stephanie Rex

ISBN: 978-3-74486-874-7

Dieses Theaterstück wurde 1999 verfasst!

Personen:

Peter Maulberg
Dirk Müller
Erwin Flöher
Thomas Kuller
Adolf Hittelmann
Paul Peter
Penner alias Harry Schmidt
Sylvia Schmidt
Andrea Schmidt
Michelle Flast
Karsten Käser
Tom Gambacher

Ein Erzähler spricht:

„Meine Damen und Herren

die **Vorgeschichte** *ist ganz kurz.*

Wir befinden uns im Deutschland der 90er Jahre. Genauer gesagt eher am Ende des Jahrzehntes. Michael Jackson, die Arbeitslosigkeit und auch die Liebe zwischen den Menschen, um einige Phänomene dieser Zeit hervorzuheben, existieren immer noch.

Dresden, das Florenz des Nordens, ist eine große Stadt und zugleich die Landeshauptstadt von Sachsen. So ist es nicht verwunderlich, dass in dieser Stadt an der Elbe für die vielen Menschen, die dort Tag ein Tag aus leben, auch ein Stadtpark vorzufinden ist.

Das Neubaugebiet „Stadtrand Idylle" und das Villenviertel „Parkausblick" grenzen an unterschiedliche Ecken des Parks. Erstaunlicherweise wurde dem Stadtpark eine überaus große Fläche zur Verfügung gestellt, so dass sich ein beträchtlich großer Park, mit Hilfe der dort wohnenden Menschen, frei entfalten konnte. Dieser Park bekam den Namen „Park der vier Himmelsrichtungen", weil er in fast vier gleichgroße Quartale aufgeteilt wurde. Aus diesem Grund gibt es einen Nordpark, einen Südpark, einen Ostpark und zu guter Letzt einen Westpark.

Seit über einem Jahrzehnt kreucht und fleucht jeder Wurm, jede Biene, jede Wespe, jeder Maulwurf und jede Ratte darin herum, wie es ihm beliebt. Obwohl gesagt werden kann, dass es manchmal mehr menschliche Ratten gibt, die sich die Zeit darin vertreiben, als jene Lebewesen, die den Namen „Ratte" vom Menschen erhalten haben.

Von jenen menschlichen Ratten, Blutsaugern, schlauen Füchsen, fleißigen Bienchen, Faultieren, Stinktieren und weiß der Teufel, was alles den Grashalm umknickt, erzählt diese Geschichte.

Lange Rede kurzer Sinn … So sei es und die Geschichte möge beginnen.

Bühne frei, für den Kartoffelbrei!

Oh, Entschuldigung!

Bühne frei und Vorhang auf für den ersten Akt!
(wartend auf Applaus)

Warum klatsch denn keiner?
Kein Applaus, kein Stück!
(Claqueure erledigen ihren Job)

Die Künstler bedanken sich!
Und nun: Bühne frei …"

I. Akt

1. Szene

Südpark - Neubaugebiet

Nächtlicher Park mit sommerlich warmen Temperaturen. Es ist sternklarer Himmel und kurz vor Mitternacht. Peter und Dirk sitzen mit einer Flasche Whiskey auf einer der erneuerten Parkbänke im Südpark und kippen sich billigen Fusel hinter die Binde. Jeder der beiden glaubt, seinen eigenen Frust im Alkohol ertränken zu können.

Peter: (nippt am Whiskey) Da sitzen wir nun hier auf dieser abgewrackten Parkbank und schütten uns diesen billigen Whiskey hinter die Binde. Und warum, frag ich dich? Warum nur?

Dirk: Ich weiß nicht? Vielleicht, weil du heute deinen 50-Markschein verloren hast?

Peter: Ach, scheiß auf die 50 Mark! Nicht wegen der 50 Mark. Da gibt es noch etwas Wertvolleres.

Dirk: Was?

Peter: Die Frauen! Ja wegen der Frauen sitzen wir hier und saufen. Ich sage dir, alles nur wegen der Frauen …

Dirk: Das musst du mir jetzt erklären.

Peter: Immer muss man gleich alles erklären oder eine Erklärung hierfür und dafür haben. Kann man nicht einfach mal vom Gefühl aus handeln oder etwas sagen? Jeder fühlt sich auch immer gleich angegriffen, wenn man ihm seine Meinung oder was weiß ich mitteilt. Manchmal habe ich es echt satt!

Dirk: Gut, du musst mir auch nichts sagen.

Peter: Dirk! (pustet) Also … (wird leiser in der Stimme) mich hat's erwischt. (schaut wenige Sekunden zum Sternenhimmel) Ob sie in diesem Moment auch zu den Sternen hinauf schaut? Vielleicht genau auf den dort oben, der, der so stark leuchtet? (kurze Pause) Das ist vielleicht ein Mädel, Prost Dirk!

Dirk: Du meinst doch nicht etwa …? Du wirst ja richtig romantisch, Alter!

Peter: Doch, DIE meine ich.

Dirk: Die Hübsche vom Sportplatz, die du heute gesehen hast?

Peter: Ja und keine andere.

Dirk: Vergiss es! Die ist eine Nummer zu groß für dich, Alter!

Peter: Nummer zu groß? Werden heutzutage nur noch Nummern vergeben?

Dirk: Neeee.

Peter: Bin ich denn zu hässlich für sie? Zu primitiv, zu arm oder was?

Dirk: Ne, das nicht, aber …

Peter: Aber was?

Dirk: Wie die sich gegeben hat, wie die aussieht, die hat doch schon längst einen Kerl. Und dann ihr Vater, hast du ihn gesehen?

Peter: Wann denn?

Dirk: Der hat sie doch vom Sportplatz abgeholt. Hast du den Schlitten gesehen? Ein Porsche! Die ist bestimmt eine Menge Luxus gewöhnt. Was willst du da bei der als kleiner Bibliothekar in der Ausbildung; und später als Angestellter in einer Branche, wo die Kohle nicht gerade auf den Bäumen wächst?

Peter: Die Kohle wächst nicht auf den Bäumen.

Dirk: Die nötigen Mittel danach zu graben, hast du auch nicht.

Peter: Solche wie mich muss es doch auch geben! Mensch, die einen ganz normalen Job machen und nicht drei oder vier Luxuskarossen in der Garage stehen haben.

Dirk: Ja schon, aber …

Peter: Außerdem, quatsch nicht dauernd vom Luxus der Frau, das ist doch nicht alles.

Dirk: Wach auf Peter! Sieh es doch mal realistisch. Die Frauen heutzutage wollen Kohle oder zumindest die Aussicht darauf.

Peter: Ich kann und will es aber nicht realistisch sehen! (macht eine Pause, trinkt) Diese Gesellschaft kotzt mich an. Schon bis hier an den Gaumen. Kannst du es sehen? Ich glaube, ich übergebe mich gleich. Am besten da hinten in die Ecke, am Baum, dann hat das wenigstens noch einen Sinn: Dünger für den Baum.

Dirk: Was hat das mit der Gesellschaft zu tun, Peter?

Peter: Eine ganze Menge, sag ich dir. (überlegt, sucht nach Argumenten) Mann! Dabei könnte doch alles so einfach sein. Weißt du, manchmal, wenn ich Zeit habe, dann lese ich in den Büchern der Bibliothek, wenn ich nicht gerade Schule habe. Und wenn ich dann so diese ganzen Texte lese, dann bemerke ich, wie alle diese Schriftsteller und Poeten vom Genießen des kurzen Lebens, von der Liebe und anderen Dingen sprechen. Ihre Phantasie, vorausgesetzt sie schreiben nicht über etwas aus der Realität oder wollen damit etwas ganz Bestimmtes bezwecken, hat stets etwas Positives. Und dieses Positive im Leben, die Lebensweise, die positiv gesehen werden muss, tragen alle Menschen in sich. Das Leben ist einzigartig, weißt du?

Dirk: Ahhh …?

Peter: Eigentlich alle Menschen. Ich meine, so viele Menschen haben in ihren Hirnen die Sehnsucht nach Liebe, Harmonie und den schönen Dingen von dieser Welt. Wie schön die Welt doch sein könnte, wenn sie nach der Phantasie dieser Schriftsteller gestaltet werden würde? Und nicht nach dem Geld, dem Status, dem … Aber keiner tut was. Wie immer!

Dirk: Was sollen sie denn tun? Und was laberst du da? Das kann doch nicht einfach so funktionieren. Die Gesellschaft und die Welt ist nun mal so gewachsen, wie sie gewachsen ist.

Peter: Na, na, na! Ich meine, sie sollen ja keinen Terror machen und gleich alles umstülpen. Ich weiß auch, dass sich so etwas Großes, wie die Gesellschaft, nicht von heute auf morgen ändert. Doch die Menschen könnten doch alles relaxter und etwas positiver angehen und die ganzen kleinen Dinge im Alltag, die oft für all die Streitereien und Unstimmigkeiten verantwortlich sind, damit vermeiden. Es wäre doch ein erster Schritt in die richtige Richtung. Man müsste seine Kraft für den Menschen und für die Zukunft einsetzen, die für jeden Einzelnen so schon viel zu kurz bemessen ist, und nicht gegen den Menschen. (kurze Pause im Gespräch) Dieses scheiß Konkurrenzdenken ist doch wirklich überall! Und dann der Stress, du regst dich auf, regst wieder dich auf und wieder, ... dann bekommst du eine fette Ader am Hals, die immer größer und dicker wird und irgendwann hast du einen Herzinfarkt.

Dirk: Frauen bekommen eher einen Schlaganfall.

Peter: Den einen trifft der Schlag, den anderen trifft's am Herzen.

Dirk: Auch wieder wahr.

Peter: Schuhe, Schuhe. Oh diese Schühchen! Sehen nur noch Schuhe. (zeigt auf seine Schuhe) Meine, ihre, andere und fallen in Ohnmacht. Als gäbe es nichts anderes wofür es sich zu Leben lohnt.

Dirk: Was? Was meinst Du mit ‚Schuhe'?

Peter: Wenn sie wieder zu sich kommen, kennen sie nur noch das Wort Schuhe. Nichts anderes zählt mehr, sie lehnen sich zurück und dann lutschen sie halbseitig liebevoll den Lolli.

Dirk: Was meinst du jetzt mit ‚Lolli'?

Peter: Schuhe, Lolli - ach, das ist eine Metapher. (kurze Pause) Wenigstens haben sie noch was von der Liebe, wenn auch halbherzig.

Dirk: Aber mal ehrlich, Peter. Ich glaube, du hast schon zu viel gesoffen. Diese philosophischen Themen machen mir heute die Birne kaputt. Und das mit deiner Tussi. Ich weiß nicht. Manchmal gibt es ja noch Dinge zwischen Himmel und Erde. (schaut auch erstmalig zum Sternenhimmel) Aber darauf verlassen würde ich mich nicht.

Peter: Siehst du und deshalb trinke ich. (nimmt noch ein kräftigen Schluck vom Whiskey) Hier nimm auch noch einen Schluck.

Dirk: Gib schon her. Suffkopp!

Peter: Und auf was trinkst du?

Dirk: Ich? Ich trinke auf den Hauch des Lebens.

Peter: Hauch des Lebens!? Jetzt steigt dir der Fusel aber wirklich auch in die Birne. Woher …

Dirk: Die meisten Menschen übersehen die einfachsten Dinge, wie du schon sagtest: Es sind die einfachen Dinge. Dinge, wie zum Beispiel das Atmen. Es ist für alle selbstverständlich, doch wenn man nicht atmen könnte, dann kann man auch all die anderen Dinge nicht machen, die für einen selbstverständlich sind. Deshalb werde ich jetzt auch gleich noch einen großen Schluck nehmen und einmal tief durchatmen. (trinkt und atmet tief)

Peter: Da ist was dran.

Dirk: Ein Genuss, dieser Atemzug. (er atmet mehrmals tief durch) Oh Gott, mir wird schwindlig.

Peter: Du und dein Hauch des Lebens. Pass bloß auf, dass du nicht vollends hyperventilierst.

Dirk: (atmet wieder entspannt) Siehst du, und das ist der Hauch des Lebens und darauf trinke ich und nicht auf Weiber. Prost, Peter!

Peter: Nun denn, so sei es, mein Freund.

Sie trinken beide mehrere Schlucke des Whiskeys und schauen in die Luft. Etwas Zeit verstreicht.

Peter: Naja, wenigstens hatte ich den Mut ihr meinen Namen zu sagen. (verzieht das Gesicht und äfft sich selbst nach) „Ich heiße Peter und wie ist dein Name?" Einen stupideren Satz hätte ich mir nicht ausdenken können!

Dirk: (grinst) Du hättest dich sehen sollen, wie du mit offenem Mund vor ihr gestanden hast, als sie dich anlächelte und sagte: (imitiert eine Frauenstimme) „Sylvia, mein Süßer."

Peter: Ich glaube: Ich liebe sie. (steht von der Parkbank auf) Ja, ich liebe sie!

Dirk: Wie? Du hast sie doch nur ein paar Augenblicke lang gesehen?

Peter: Du bist mir einer. Noch nie etwas von Liebe auf den ersten Blick gehört?

Dirk: Doch, aber ...

Peter: Nichts aber! Es ist, was es ist, da kannst du so doof glotzen, wie du willst. Es ist Liebe auf den ersten Blick. (kleine Atempause) Ich glaube, sie hatte mich auch ... Ach vergiss es. Lass uns gehen.

Dirk: Okay. Lass uns gehen.

Peter nimmt noch einen Schluck und steht auf. Beide verschwinden in einer Kurve des durch den Park führenden Weges.

2. Szene

Grenze Nordpark - Villenviertel

Es ist kurz vor Mitternacht. Nur eine Laterne spendet ein wenig Licht. Eine Person liegt auf einer verdreckten Parkbank und schläft gemütlich. Drei dunkle Gestalten laufen der Parkbank entgegen.

Erwin: (grölt) Jungs, ich sag euch, der Alk haut vielleicht rein und dann noch der Zug von dem Joint. Das ist wie Weihnachten und Ostern auf einen Haufen. (feixt dann nur noch)
Thomas: Gib mal noch ein Schluck vom dem Klaren in deiner Pfote.
Erwin: Das ist meine Flasche!
Thomas: Halts Maul! Oder soll ich dir eine in die Fresse latschen? (entreißt Erwin die Flasche und trinkt heftig) Das brennt ja wie eine Eins, Leute.
Erwin: Ja, recht hast du. (feixt schon wieder)
Adolf: Ich hätte echt Bock jemandem eine aufs Maul zu hauen. Wollen wir in die Disse gehen und die Bubis aufmischen?
Erwin: Einen aufmischen? Klar, Adolf, aber da brauchen wir nicht bis zur Disse gehen. Der nächste, der kommt den hauen wir einfach eine rein. (feixt schon wieder)
Alle: (grölen) Ja! (singen im Chor) Neger lauf, sonst gibt es eine drauf! Neger du Sau, gleich gibt's Radau!
Adolf: Erwin, feix nicht so! (an alle) Maul halten! Ich glaub, wir haben ein Opfer.

Erwin: Wo? Adolf, wo?

Adolf: Mach die Augen auf, du Ochse. Da vorn auf der Bank, der Penner. Thomas! Erwin! Macht euch bereit.

Erwin und Thomas: Jawohl! Mein Führer!

Adolf: Ich kippe ihm ein bisschen Schnaps in die Fresse und wenn der nur einen Mucks sagt, dann haut ihr ihm eine in die Visage!

Während Erwin und Thomas rechts und links von der Parkbank stehen, kippt Adolf dem Penner Schnaps ins Gesicht. Nicht zu viel, schließlich soll es ja keine Verschwendung werden, denn die Nacht ist noch lang.

Penner: (wacht auf) Hey, was soll der Mist? Was ... was wollt ihr denn?

Adolf: (droht) Halts Maul! Schmeckt dir wohl nicht so gut? Dann gehe lieber arbeiten, du faule Sau!

Penner: Lass mich in Ruhe du ... du ...!

Adolf: (zur rechten und linken Seite seiner zwei Schläger bewusst, bäumt sich Adolf auf) Was willst du von mir? Passt dir was nicht? Willst wohl eine in die Fesse?

Penner: Ich ...

Adolf: (pfeift) Los, der Penner will Blut.

Thomas und Erwin schlagen auf den Penner ein. Adolf überwacht das Ganze.

Thomas: Besoffenes Schwein!

Erwin: Penner, Wichser, Arschloch!

Adolf: (stachelt weiter an) Kommunistenschwein! Haut drauf!

Penner: (schützt Kopf und Gesicht mit Armen und Händen) Lasst mich in Ruhe. Ich habe euch nichts getan, außerdem...

Erwin: Und hier noch eine, du Sau!

Penner: (fällt von der Parkbank und geht zu Boden) Zu dritt, da seid ihr groß. (stöhnt vor Schmerzen) Auf einen allein ...

Adolf: Fresse. Los, hau ihm noch eine drauf, Erwin! (ein Fußtritt folgt)

Penner: Hört auf. Aufhören. Auf... (wird bewusstlos)

Thomas: Oh!?! Der rührt sich nicht mehr. (etwas panisch) Adolf! Schau mal, der rührt sich nicht mehr.

Adolf: Ach komm. Halb so wild. Der schafft das schon. Penner sind zäh.

Erwin: Schau her, der Penner hat ja einen richtig schicken Anzug an?

Thomas: Und eine fette Uhr um sein Handgelenk.

Erwin: Die nehme ich noch mit. (fummelt an ihr herum)

Adolf: Es reicht, der hat genug. (erblickt jemanden) Da hinten kommt einer! Los, weg hier! (Adolf und Thomas verschwinden)

Erwin: Mist verfluchter! Ich bekomme seine scheiß Uhr nicht ab. Wartet auf mich! (tritt noch einmal zu und rennt den anderen hinterher) Dem haben wir es vielleicht gegeben.

Die Schläger verschwinden im Dunkeln. Der vermeintliche Penner mit dem schicken Anzug und der teuren Uhr liegt bewusstlos vor der Bank. Es kommt eine Person des Weges und direkt auf ihn zu.

Paul: (führt ein Selbstgespräch) Es ist doch schon echt doof, wenn ich als Neunzehnjähriger seit drei Nächten nicht richtig pennen kann, nur weil ich nicht weiß, was ich machen soll. Ein Studium? Eine Ausbildung? Wenn nichts klappt, einen auf arbeitslos machen oder doch ein soziales Jahr? Sozial ja, aber davon kann man doch nicht leben! Nun habe ich für die nächste Woche gleich zwei Vorstellungsgespräche und dann noch am gleichen Tag. Einmal an einer Uni in der Verwaltung und einmal bei der Bank. (kurze Pause) Meinen Traumberuf als Fotograf kann ich nicht machen, überall wurde mir gesagt: (trägt das Zitat gereizt vor) „Wir haben leider keine Lehrstelle zu vergeben." oder „Die Lehrstelle ist zurzeit schon vergeben" (schüttelt mit dem Kopf). Das Traumstudium als Architekt ist auch im Arsch, da reicht der Durchschnitt nicht. Doch irgendwas muss ich doch machen? Ich begreife es einfach nicht. Die Alten rackern, so dass sie kurz vor der Rente verrecken und der quasi Staat nichts bezahlen braucht - ich glaube, da steckt System dahinter - und die Jugend, die arbeiten will, kann nicht und kommt nicht von der Stelle; weil es keine Stellen gibt. Ja klar, es gibt immer ein paar Typen, die nur arbeitslos sein wollen und auf der faulen Haut liegen möchten. Doch ... (erblickt den Penner am Boden) ... doch was ist denn da passiert? Da liegt ja einer ... (bleibt kurz stehen und zögert) ... mitten auf dem Boden, mitten im Park. Ob ich lieber umdrehe? Man weiß ja nie? Ach, was soll's. (läuft zur Bank hin) Wenn etwas passiert, brauche ich mich wenigstens nicht mehr entscheiden. (betrachtet den Penner aus der Nähe) Das ist ja ein Mann. Er blutet aus der Nase. (rüttelt den Penner wach) Hey aufstehen! Sind Sie okay?

Penner: (kommt zu sich) Was? Wie? Sind sie weg?

Paul: Wer?

Penner: (erschrickt und nimmt eine Abwehrhaltung an) Hey, ich hab genug! Wollt ihr mich totschlagen?

Paul: Keine Angst, ich will nur helfen.

Penner: Gott sei Dank, du gehörst nicht zu denen.

Paul: Zu wem?

Penner: Schon gut. Hast ja auch keinen so glattrasierten Schädel, wie, ... wie ... wie die es hatten.

Paul: Was war denn los?

Paul hilft dem am Boden liegenden Mann auf die Beine und beide setzen sich auf die Parkbank.

Penner: (hält sich den Kopf) Das ist so eine Geschichte.

Paul: Erzählen Sie, ich habe Zeit.

Penner: „Hallo" erst mal und danke für ihre Hilfe! Ich bin übrigens Harry Schmidt. Für dich, Harry.

Paul: (überlegt) Harry Schmidt. Der Harry Schmidt, dem die Supermarktkette gehört und ... naja, einiges mehr?

Harry: Ja, das bin ich und einiges mehr. Jedenfalls war ich heute „Im süffigen Krug" auf der Augustus-Straße und dort habe ich ... naja dort habe ich mit einigen alten Schulkameraden einen weit über den Durst getrunken. Schließlich sieht man sich ja jetzt nur noch alle paar Jahre. Da wird schon einiges weggekippt, wenn du verstehst?

Paul: Ich verstehe.

Harry: Es ist traurig, es ist echt traurig ... (schüttelt mit dem Kopf)

Paul: Was ist traurig?

Harry: Dass es so weit gekommen ist, dass jeder, wirklich jeder meiner alten Kameraden seiner Wege gegangen ist. Das ist ja auch normal, ich weiß. Aber jeder wünscht sich doch enge Freunde, mit denen man Kontakt hält. Ein Freundschaftsband aus alten Tagen, das stärker ist als der Alltag. Dabei sind wir früher durch dick und dünn gegangen. Es gibt doch genügend Geschichten, die einen zusammenschweißen sollten - so für's Leben.

Paul: Ja, ist klar.

Harry: Ist dir das wirklich so klar? Du scheinst noch recht jung.

Paul: Ja klar! Das sehe ich ja auch schon in Ansätzen bei uns. Die Schule ist vorbei und alle rennen in andere Richtungen. Aus den Augen, aus dem Sinn. Sieht man sich dann nach ein paar Monaten wieder, dann ist es, als würden Ewigkeiten zwischen dem letzten Kontakt liegen. Manchmal ist da sogar eine richtige Mauer vorhanden. Ist echt traurig, aber wahr.

Harry: Nun ja. (schnieft in ein Taschentuch) Jedenfalls bin ich dann hierher gewackelt und war, ob du es glaubst oder nicht, zu betrunken, um weiterzugehen. Weiß nicht, wie lange ich hier jetzt schon gelegen habe. Habe mich einfach hier auf die Bank gesetzt, wollte mich nur kurz ausruhen und bin einfach eingenickt. Zudem lag mir der Tag auch noch in den Knochen. (schnieft erneut in sein Taschentuch) Ich bin erst wieder auf gewacht, als mich diese kahlköpfigen Idioten hier zusammengeschlagen haben. Was soll ich schon, so überrascht wie ich war, als einzelner gegen drei von denen unternehmen? Die haben mir Schnaps übers Gesicht gegossen und sind gleich gewalttätig geworden. (schimpft) Die müsste man alle an die Wand stellen! Diese Verbrecher! Halbstarke Affen.

Paul: Äh ja?! (überlegt) Solches Pack bekommt heutzutage immer mehr freie Hand, wo führt das bloß hin?

Harry: Das frage ich mich manchmal auch. (überlegt - kurze Pause und beide schauen zum Sternenhimmel) Und was treibt dich zu so später Stunde durch den Park? Normale Menschen schlafen doch um diese Zeit.

Paul: Normale Menschen ja. Aber wenn Sie es so sehen, dann bin ich nicht normal. Die meisten Jugendlichen sind nicht normal, denn um diese Zeit sind doch viele auf Diskotour oder sonst wo unterwegs. Ich für meine Person wäre das auch gern, doch ich muss eine wichtige Entscheidung treffen, die mich nicht gerade in Partystimmung versetzt. Soll ich nun ein anderes Studium als das gewünschte oder eine Ausbildung machen? Soll ich ... ach, was weiß ich! Ich weiß es ehrlich gesagt selber nicht mehr, was das Beste für mich ist. Diese Nacht bringt keine Lösung.

Harry: (erstaunt) Solche Entscheidungen sollten gut überlegt sein, stimmt. Wie heißt Du eigentlich?

Paul: Paul.

Harry: Paul, ich sehe es ja an meinen Töchtern. Können auch nur zur Disko rennen und warten bestimmt schon Sonntagabend wieder auf den kommenden Freitagnachmittag. Wollen nichts zu tun und nur Spaß haben. Deren Einstellung zum Leben bringt mich manchmal schon auf hundertachtzig. Das Leben ist doch nicht nur Spaß! Doch ich will dich nicht belehren. Du hörst das bestimmt jeden Tag von deinen Eltern, wie meine Töchter von mir.

Paul: So ungefähr.

Harry: Und gerade spürst du ja selbst, wie schwierig es ist und wie wichtig Entscheidungen im Leben sind. Das Leben besteht nicht nur aus Spaß! Ich würde gern etwas anderes sagen. (kurze Pause) Aber wenn ich mal etwas dazu sagen darf, dann denke ich, dass ein Studium oft besser ist. Vor allem, wenn du ein Abitur in der Tasche hast. Du hast ja bestimmt Abitur, wenn du über ein Studium nachdenkst?

Paul: Ja, aber es ist halt nicht das Beste.

Harry: Egal. Mit dem Abitur hast du jedenfalls die Möglichkeit zum Studium und wenn dir das liegt, dann studiere doch. Such dir das aus, was du willst und warte notfalls, wenn es nötig ist. Klar, du verdienst kein Geld, wie jemand der eine Ausbildung macht. Doch alles hat seine Vor- und Nachteile. Eine Ausbildung ist auch nicht zu verachten. Versuche das zu machen, wofür du aufrichtiges Interesse hast, wofür dein Herz schlägt. Sonst wird's stressig und deprimierend.

Paul: Stimmt schon, was sie da sagen. Nur, sie sagen ja selbst, dass beides nicht zu verachten ist. Ich glaube, ich werde da meine eigene Entscheidung treffen müssen. … Themawechsel, Herr Schmidt!

Harry: Was?

Paul: Sprechen wir von etwas anderem. Sie sagen, Sie haben zwei Töchter?

Harry: Ja, habe ich. Sylvia ist mit der Schule gerade fertig geworden und Andrea wird nach den kommenden Ferien die Zwölfte besuchen. Beide stehen irgendwie, so wie du, vor einer Entscheidung. Andrea hat noch ein Jahr Zeit, doch Sylvia muss sich langsam auch einmal entscheiden, was sie will. Ich will ja nicht drängen, aber …

Paul: Dann drängen Sie nicht.

Harry: Hmm, ja. Also, wenn ich dich so ansehe, sehe ich in dieser Beziehung meine beiden

Töchter Sylvia und Andrea vor mir. Vielleicht hast du Recht, muss jeder selbst entscheiden?

Paul: Wie sind Ihre Töchter so?

Harry: Wie sie sind?

Paul: Ja. Was haben sie für einen Charakter? (etwas leiser fragend) Hübsch?

Harry: (grinst) Nun sie sind, ... sie sind lebensfreudig und haben ihren eignen Kopf, welchen sie allzu oft durchsetzen wollen. Sylvia denkt immer, sie macht viel zu viel im Haushalt und glaubt, dass Andrea sich vor allem, was im Haushalt anfällt, drückt, was manchmal auch zu stimmen scheint. Sylvia ist die Ältere und lässt das manchmal ziemlich heraushängen. Andrea ist sehr kontaktfreudig und im Gegensatz zu ihrer Schwester weiß sie, was sie will. Sie hat konkrete Vorstellungen von dem, was sie in der Zukunft machen möchte. Die Mutter meiner Töchter ist zurzeit im Ausland. Deshalb ist es nicht verwunderlich, dass im Moment alles drunter und drüber geht. (kurze Pause) Weißt du was? Komm doch dieses Wochenende einmal bei uns vorbei und wir trinken in Ruhe zusammen ein Bier. Äh, ich meine eine Tasse Kaffee.

Paul: Wenn Ihnen das keine Umstände bereitet?

Harry: Nein, überhaupt nicht. Hier ist meine Adresse. (überreicht ihm eine Visitenkarte)

Paul: Okay, dann nehme ich die Einladung gern an Herr Schmidt. Geht es Ihnen etwas besser?

Harry: Ja etwas, aber mein Kopf ...

Paul: Sollten Sie vielleicht untersuchen lassen und die Typen anzeigen.

Harry: Anzeige gegen Unbekannt? Ach, das wird doch nichts. Und dann die Presse?

Paul: Ihre Entscheidung.

Harry: (fasst sich an die Seite) Meine Rippen haben auch was abbekommen.

Paul: Dass Sie mich einfach so einladen ... Also ich muss schon sagen, ... Sie kennen mich doch gar nicht.

Harry: Hey, du hast mir geholfen. Sieh es auch als Dankeschön. Und was ich gerade so von dir gehört habe, jetzt in diesen paar Minuten, da denke ich schon, dass du ein anständiger und vernünftiger Kerl bist. Mag voreilig sein, doch ich habe ein gutes Gespür für so etwas. Außerdem: Wenn Menschen schon bei kleinen Dingen, wie eine Einladung zum Kaffee, abblocken und gleich wieder das Schlechteste denken und vorverurteilen, wie soll denn da Vertrauen entstehen? Und etwas mehr Weitsicht. Verstehst du?

Paul: Ich denke schon. Doch wenn man an alle Möglichkeiten denkt, auch die Negativen, dann ist man auch auf alles vorbereitet, hat mein Vater mir mal gesagt.

Harry: Da ist was dran. (atmet tief aus) Wie sieht es aus? Kommst du mit in die Richtung oder willst du hier bleiben und weiter überlegen?

Paul: Ich geh, aber in die andere Richtung. (erhebt sich mit von der Parkbank) Bin irgendwie müde geworden.

Harry: Okay, dann mach's gut. Wie ist eigentlich dein Nachname?

Paul: Ich heiße Paul Peter. Tschüss und passen Sie auf, wem sie heute noch begegnen. (geht ab)
Harry: Mach ich, mach ich! (erhebt sich ebenfalls von der Parkbank und macht sich zurecht) Und ich! Ich werde mich jetzt auch nach Hause begeben. Für heute reicht es mir. (fasst sich an den Kopf) Man, brummt mir der Schädel. Es ist mir unbegreiflich, wie Jugendliche grundlos einfach einen Menschen zusammenschlagen können. Ich versteh die Welt nicht mehr. Haben wir das früher auch gemacht? (geht ab)

Harry Schmidt begibt sich, noch etwas benebelt vom Alkohol, unter Schmerzen und entsetzt über den Vorfall, in die andere Richtung, auf den Weg nach Hause.

3. Szene

In der Disko „Mega-Bass" am Westpark

Michelle und Sylvia sitzen abseits der dröhnenden Musik an einer Bar. Von den Jungs Tom und Karsten, die in ihrer Nähe vor einem Mixgetränk sitzen, bleiben sie nicht unbemerkt.

Michelle: Hey, siehst du die Jungs dort hinten?
Sylvia: Welche?
Michelle: Die da. Die zwei, die hier so rüber glotzen.
Sylvia: Etwa die Idioten, die so viel getrunken haben?
Michelle: Ja. Wieso zu viel getrunken? Die sind doch niedlich oder nicht. Vor allem der eine, der links. Siehst du ihn?
Sylvia: Niedlich? Vielleicht. Aber nicht so niedlich wie ...?
Michelle: Du denkst doch nicht etwa immer noch an den Typen von heute Nachmittag auf dem Sportplatz?
Sylvia: Hmm, ... doch. Ich muss immerzu an ihn denken.
Michelle: Hey Sylvia! Was ist denn los mit dir, so kenn ich dich gar nicht? Nur einmal gesehen und dann so etwas.
Sylvia: Ach weißt du ... ich finde ihn sooo süß, und wahrscheinlich werde ich ihn nie wieder sehen. Das ist doch irgendwie tragisch. Dabei hätte ich ihn beinahe gefragt, ob ich ihn einmal kennenlernen dürfte. Hätte ich nur ...

Michelle: Komm schon, das vergeht schon wieder. Vielleicht ist er ja morgen auch wieder dort. Lass uns tanzen!
Sylvia: Wenn du meinst.

Sie laufen zur Tanzfläche. Einer der Jungs von der Bar kommt daraufhin direkt auf Michelle zugelaufen und spricht sie höflich an. Sylvia bleibt daneben stehen und lauscht dem Gespräch.

Tom: Hallo! Ich ... ich bin Tom. Tut mir leid, ich weiß gar nicht so recht, was ich sagen soll. Ich bin etwas verwirrt.
Michelle: Ich ... Was ist?
Tom: Naja, ich habe dich heute hier gesehen und auch schon das letzte Mal. Ich dachte mir, warum gehst du nicht mal hin und sprichst sie an, denn ich finde dich sympathisch, und ich denke, warum soll ich jeden Freitag nur an dir vorbeilaufen, als wäre nichts ... ich meine, warum sollte ich sie nicht mal näher kennenlernen? Also ... Mich mal mit dir unterhalten. Es gibt so schon genug Menschen, die sich Tag ein Tag aus begegnen und stur aneinander vorbeilaufen, als gebe es den anderen nicht. Ich sag einfach mal: Hallo.
Michelle: (arrogant) Danke! Komm auf den Punkt.
Tom: Nun ich ... könntest du mir vielleicht fünf oder auch zehn Minuten deiner kostbaren Lebenszeit widmen?

Michelle: Nun … (überlegt) Ich finde, eine Disko, ist etwas unpassend, um sich zu unterhalten.

Tom: Aber …

Michelle: Aber ich glaube schon, dass du vielleicht eine Chance hast.

Tom: Wie sieht sie aus?

Michelle: Pass auf, setzt dich am Sonntag gegen 16.00 Uhr im Nordpark auf eine noch saubere Parkbank und warte dort auf mich. Und dann lass dich überraschen, ob ich vorbei komme, und mir von dir fünf oder vielleicht zehn meiner wirklich kostbaren Minuten stehlen lasse. Und falls ich kommen werde, dann hoffe ich, dass du nicht so eine Alkoholfahne und einen etwas sicheren Gang hast. Tschau Tom!

Tom: Tschau … (Michelle und Silva gehen Richtung Tanzfläche) Tschau, äh … wie heißt du eigentlich?

Michelle: Michelle.

Tom: Michelle. (wiederholt es noch mal leise und ruft ihnen nach) Michelle, ich warte!

Tom macht kehrt und geht zurück zur Bar, wo Karsten auf ihn wartet. Sylvia und Michelle tanzen.

Tom: So eine verdammte Scheiße!

Karsten: Was ist denn los? Hat es nicht geklappt.

Tom: Hätte ich gewusst, dass ich gerade heute wieder der Flamme meines Lebens begegne, dann hätte ich keinen Alkohol getrunken. Ich muss ja förmlich aus dem Maul gerochen haben.

Karsten: Zeig her.

Tom: Wie?

Karsten: Puste mich mal an. (Tom pustet) So schlimm ist das gar nicht. Die spielt doch nur.

Tom: Du bist gut. Hast ja schließlich auch etwas getrunken. Da merkt man das nicht so.

Karsten: So viel hast du doch gar nicht getrunken. Vielleicht wollte sie dich nur verunsichern.

Tom: Ich weiß nicht.

Karsten: Lass den Kopf nicht hängen, Alter. Es gibt noch tausend andere Frauen auf diesem Planeten.

Tom: Naja, sooooo schlecht war das Ergebnis nun auch nicht.

Karsten: Komm wir gehen tanzen. Dabei kannst du mir mal ein paar Infos rüber wachsen lassen, was sie so gesagt hat.

Tom: Wenn du meinst.

Karsten: Ja klar, vielleicht kannst du sie auch antanzen, wenn's passt.

Tom: Ne, lass mal lieber. Will ich jetzt nicht versauen.

Tom und Karsten betreten den Rand der Tanzfläche. Sylvia und Michelle gehen zurück an die Bar. Tom und Karsten beschließen daraufhin doch nicht auf die Tanzfläche zu gehen, sondern lieber gleich zu verschwinden und verlassen kurze Zeit später die Disko, von den Frauen unbemerkt.

Sylvia: Und? Hat dich ja schwer beeindruckt, der Typ.

Michelle: Ja sehr.

Sylvia: Warum hast du ihm dann eine halbe Abfuhr gegeben?

Michelle: Ach weißt du, … (zuckt mit den Schultern) ich weiß es auch nicht. War wohl nicht sehr nett?

Sylvia: (schüttelt den Kopf) Nein.

Michelle: Du warst aber heute bei dem Typen auf dem Sportplatz auch nicht gerade die Entgegenkommendste.

Sylvia: Weiß ich auch und ich bereue das genauso. Gehst du eigentlich zu dem Date?

Michelle: Dumme Frage! Klar doch. Ich werde mir doch das Date nicht versauen. Hoffentlich kommt er auch? Wenn er nicht kommt, dann würde ich mir das nie verzeihen.

Sylvia: Er kommt schon. So wie er dich angesehen hat. Und wenn nicht, dann gehen wir gleich in der nächsten Woche wieder hier her. Den werden wir dann bestimmt hier wieder antreffen. Tom heißt er, nicht wahr?

Michelle: Ja.

Sylvia: Tom ist doch bestimmt immer hier. (blickt sich um) Wo sind die Typen überhaupt?

Michelle: Ja, wo sind sie? (sucht ihn krampfhaft) Sind sie nicht auf die Tanzfläche gegangen?

Sylvia: Ja, aber da sind sie nicht. Ich sehe sie auch so nicht mehr, hier im Raum.

Michelle: Ich auch nicht. (wirkt sichtlich geknickt) Hoffentlich hast du Recht, mit dem was du gesagt hast? Nicht, dass es die einzige Chance war und ich die ich jetzt versaut habe.

Sylvia: Michelle, sei doch ein bisschen optimistisch. Hier trink was. Prost!

Michelle: Das musst du mir mit deiner Trauermine gerade sagen. Prost!

Michelle beendet das Gespräch und beide schauen einem ulkig tanzenden Jungen auf der Tanzfläche zu.

4. Szene

Im Neubaugebiet

Peter und Dirk kehren von einem süffigen Spaziergang durch den Park zurück zum Neubaugebiet, in dem sie wohnen. Sie laufen etwas torkelnd, aber noch unter Beherrschung ihrer motorischen Fähigkeiten, dem Parkende zu und wünschen sich beide nur noch eins: ein gemütliches Bett, um in das Wochenende hinein-zu-schlafen.

Peter: Ein Glück, dass wir beide im gleichen Neubaugebiet wohnen, sonst hätte ich den ganzen Weg allein laufen müssen. Mir werden schon die Beine ganz schwer!

Dirk: Mir auch. (gähnt) Der Alkohol macht einen immer so müde.

Peter: Das Gähnen steckt an. (gähnt ebenso) Für heute reicht es einfach. Ich geh nach Hause.

Dirk: Gute Idee. Mach's gut Peter. (klopft ihm auf die Schulter) Und! Mach dich nicht so fertig wegen dem Mädel. (geht ab)

Peter: Jo Mann, schauen wir mal. (sieht ihm nach) Da geht er und nun stehe ich hier allein herum mit diesem scheißschönen Gefühl in der Brust. (flucht von ganzem Herzen) Es ist schon eine verdammte Scheiße, das Leben ... und die Liebe ... da siehst du einmal ein Mädchen, nur ein einziges Mal, und schon hast du dich verknallt. (schaut auf die Uhr) Schon nach eins, und ich habe nichts anderes im Hirn als sie.

Sylvia! Ach, ihr Weiber! Ihr könnt einem schon das Leben zur Hölle machen. Oder auch nicht, wenn ... müssen auch immer eine solche Ausstrahlung haben, dass man sie nicht einfach wegdenken kann. Müssen sie solch geile Titten haben, so einen Körper, so anziehend, dass es mich danach lechzt, dass ich am liebsten gleich danach grabschen könnte? Man man man! Hätte mir nicht einfach so ein verkacktes Computerspiel in einem der blöden Märkte gefallen können? Box gekauft, rein ins Laufwerk, ein zwei Stunden gespielt und dann ... gut ist's? Ne, ich muss mich verknallen. Phantastisch! Ich komme mir fast vor wie bei „Romeo und Julia". (kurze Pause) Das Beste wird sein, wenn ich erst mal darüber schlafe. Vielleicht sieht dann morgen die Welt auch schon wieder anders aus - ohne dieses Gefühl. Das Gefühl der Liebe.

Er läuft zur Fassade eines Neubaus, setzt sich mit dem Rücken zur Wand hin, zieht die Knie an und hängt den Kopf zwischen diese. Er ist müde und entspannt sich, dämmert leicht weg. Währenddessen kommt ein Mädchen gelaufen, die von drei Jugendlichen ziemlich derb und unsittlich angemacht wird. Alles spielt sich in nicht allzu großer Entfernung von Peter ab.

Erwin: Hey Süße, schon einen Freund? (bedrängt sie)
Adolf: Kannst wohl nicht reden?
Erwin: Hallo? (winkt ihr zu)
Andrea: Lasst mich in Ruhe. (wendet sich ab)

Thomas: Och, sie da, sieh hat ihre Stimme wieder gefunden.

Adolf: Was für'n geiler Arsch. Kommt in deiner Hose gut zur Geltung. Ob man den anfassen darf? (versucht sie zu betatschen)

Andrea: Nimm bloß deine dreckigen Pfoten weg! (schlägt ihm die Hand weg)

Thomas: Jetzt wird die Braut auch noch aufmüpfig. Wir sollen dir wohl eine Lektion erteilen.

Erwin: Ja, zeigen wir's der ollen Schlampe!

Adolf: Willst du nicht einen Schluck aus meiner Flasche. (bedrängt sie) Vorhin durfte schon jemand anderes davon kosten. Ich glaube dir gefällt das auch. Wenn nicht gar noch besser. Hier koste mal! (kommt ihr näher) Los Schnecke, trink!

Andrea: Lasst mich in Frieden und sauft euren Dreck allein. Verrecken sollt ihr daran!

Thomas: Hab dich doch nicht so, Zuckerpuppe. (wird handgreiflich)

Andrea: Ihr Schweine! Nehmt eure Pfoten von mir! (wehrt sich und ruft nach Hilfe)

Peter: (wacht auf, erfasst die Situation recht schnell und kommt hinzu gesprintet) Hey, ihr da! Wichserpack! Lasst die Frau in Ruhe! (der Alkohol in ihm macht ihn mutig)

Adolf: Schau an, ein Robin - Guuut. (wendet sich Peter zu) Du hast wohl lange keinen Asphalt mehr geküsst, du Vogel.

Peter: Was habe ich zu verlieren, die Liebe meines Lebens werde ich nie kennenlernen und euch Wichsern freie Bahn lassen? Das muss nicht sein. (nutzt das Überraschungsmoment und schlägt einfach zu) Du Drecksack, dich kick ich durchs Window!

Thomas: Erwin, der haut Adolf zusammen. Das geht doch nicht. Los wir, das lassen wir uns ...

Peter: Und du bekommst auch noch eine Lektion. Du Fatzke!

Peter langt Thomas blitzschnell eine kräftige Rechte rein, der sofort zu Boden geht und lässt auch Adolf noch einmal seine Faust spüren. Erwin weicht erschrocken zurück, als er seine Kumpane in wenigen Sekunden schon am Boden liegend sieht. Er denkt an Flucht.

Erwin: Was bist du denn für ein Psycho? Adolf! Thomas! Wir machen eine Mücke, das ist ein verdammter Streetfighter! (Erwin verschwindet in die eine, Adolf und Thomas in die andere Richtung)

Peter: Macht, dass ihr fort kommt! Und lasst euch hier nicht wieder blicken. (in Rage) Verdammte Arschlöcher! Mitten in der Nacht auf ein wehrloses Mädchen? (bemerkt den Schmerz erst jetzt und hält sich die Hand) Meine Schläge sind auch nicht mehr das, was sie mal waren. (wendet sich Andrea zu) Ist alles okay?

Andrea: Ja, so weit okay. Danke! (verängstigt) Ich weiß gar nicht, was passiert wäre, wenn du nicht ...

Peter: Schon gut, die haben erst mal genug. Wohnst du in der Nähe?

Andrea: Auf der Kaiserstraße 21.

Peter: Im Villenviertel?

Andrea: Ja, im Villenviertel.

Peter: Ist ja noch ein Stückchen hin. (Andrea nickt) Soll ich dich bis dahin begleiten?

Andrea: Wäre nicht schlecht. Ich ... (etwas unsicher)

Peter: Keine Angst ich mach nix. Ich bin nur ein ...

Andrea: Ein was?

Peter: Ach nichts. Nicht der Rede wert.

Andrea: Komm schon. Was wolltest du sagen?

Peter: Verliebter Trottel. (bereut, es gesagt zu haben) Jetzt muss ich das schon jedem auf die Nase binden.

Andrea: Was ist denn daran so schlimm?

Peter: Ach nix. Lass nur. Gehen wir lieber.

Andrea: Du bist bestimmt nicht der einzige „verliebte Trottel" auf der Erde. Wie ist dein Name?

Peter: Peter Maulberg. Und deiner?

Andrea: Andrea Schmidt. (kleine Atempause) Du siehst echt geknickt aus, kann ich dir irgendwie helfen?

Peter: Ach weißt du, das ist so eine Sache. Ich mit meinen 20 Jahren weiß nicht, wo mir der Kopf steht. Das ist mir noch nie passiert und ich hätte auch nie gedacht, dass ich einmal ein Mädchen treffen werde, die mir von einer Sekunde zur anderen den Kopf verdreht. Meine Welt ist irgendwie nicht mehr meine Welt. Man, ich weiß nicht einmal, wo sie wohnt. Ich weiß nur, dass sie Sylvia heißt.

Andrea: Sylvia?

Peter: Was für ein schöner Name?

Andrea: Sylvia heißt sie? Also meine Schwester heißt auch Sylvia. Sylvia ist doch ein Allerweltsname.

Peter: Meinst du? Ach lass doch den Namen!

Andrea: Glaubst du, du bist der einzige auf der Welt, der verliebt ist? Es geht noch vielen anderen, so wie dir und manchen geht es sogar noch viel viel schlechter. Du hängst da wie ein Schluck Wasser.

Peter: Ist halt so.

Andrea: Ich dachte, wenn man verliebt ist, geht man wie auf Wolken?

Peter: Hast ja recht, ist ja auch ein schönes Gefühl. Aber nicht, wenn man sich wahrscheinlich nie wieder sehen wird. Lass uns von etwas anderem reden.

Andrea: Nie wieder sehen - das ist echt blöd. Sag mal, du hast doch einiges gebechert oder?

Peter: Hab schon darauf gewartet, bis du mich fragst. Stört's dich? Soll ich gehen?

Andrea: Ach Quatsch. Nur typisch Männer. Saufen ist auch keine Lösung! Das löst dein Problem nicht.

Peter: Manchmal schon.

Andrea: Kurzfristig, ja.

Peter: Denkst du, ich bin der einzige, der sich bei Liebeskummer die Festplatte leert?

Andrea: Nein, aber ...

Peter: ... aber was soll's? Ich habe mir mit meinem Freund Dirk heute mal die Kante gegeben. Ändern kann ich es sowieso nicht mehr. Außerdem haben wir nicht nur deswegen getrunken. Ich vielleicht, aber er nicht. Macht mich wohl gleich ein bisschen unsympathischer?

Andrea: Das nicht, nein, aber ...

Peter: ... aber gerade laufen kann ich noch? Zu mindestens einigermaßen. Oder stört es dich?

Andrea: Nein. Solange du nicht umfällst und ich dich ins Krankenhaus tragen muss.

Peter: Du mich tragen?

Andrea: Oder eben einen Krankenwagen rufen muss.

Peter: Ach wo, da muss ich schon noch ein bisschen mehr trinken. (kleine Atempause) Andrea! Ich will jetzt nicht unbedingt über den Whiskey quatschen, den ich heute verdrückt habe. Es reicht, dass ich jetzt schon langsam eine Birne davon bekomme.

Andrea: Von mir aus. Wer ist Dirk?

Peter: Dirk, der ist okay. Er ist mein Freund. Ähm, bester Kumpel meine ich.

Andrea: Hab schon verstanden.

Peter: Hey, ich bin nicht schwul.

Andrea: Und wenn? Dass ihr Männer immer ein Problem habt „Mein Freund" zu sagen.

Peter: Hab ich nicht. Also ... also ich gehe mit ihm durch dick und dünn. Er ist ein „richtiger Freund". Die gibt es heute nur noch selten. Also so richtig echte Freunde. Als ich mit meiner Mutter aus Hamburg vor sechs Jahren hierher kam, hatte ich es echt schwer in der Klasse. Du weißt schon, die Vorurteile gegen Wessis.

Andrea: Hey hey hey! Die Wessis haben ja auch nicht gerade wenige Vorurteile gegen uns ...

Peter: ... Ossis! (grinst)

Andrea: Grins nicht so dreckig!

Peter: Ja, kann ja sein. Da muss sich jeder einmal an die eigene Nase fassen. Jedenfalls habe ich mich mit Dirk echt super angefreundet. Er war der erste, der mich komplett so akzeptiert hat, wie ich bin. Und daraus hat sich eine echt geile Freundschaft entwickelt, die ich nicht missen möchte. Wie viele Cliquen haben wir beide schon miterlebt, die so schnell sie entstanden sind, auch wieder zerfallen sind. Und wir beide standen, trotz manchem Zoff, zum Schluss immer wieder nebeneinander. Und ganz wichtig, ich kann mich immer auf ihn verlassen. (stellt fest) Oh Mann, ich werde ja so richtig melancholisch.

Andrea: Ist doch nichts dabei. (grinst) Ist vielleicht Liebe?

Peter: Mach kein Scheiß.

Andrea: Reine Freundschaft, ich weiß. Wollte dich nur aufziehen.

Peter: Schon klar. Sag mal Andrea, warum läufst du um diese Zeit allein durch dem Park? Das sollten Mädels wie du nicht machen. Glaube nicht, dass das dein Vater gut findet.

Andrea: Ja ja. (winkt ab)

Peter: „Ja ja" heißt …

Andrea: Leck mich am Arsch. (beide grinsen) Ehrlich. Mein Auto hat mich im Stich gelassen. Diese Mistkarre! Dabei habe ich schon keine Klapperkiste.

Peter: Was ist es denn?

Andrea: BMW.

Peter: Holla die Waldfee. (pfeift) Von Papa, nehm ich an?

Andrea: Ja klar, woher denn sonst als Schüler. Jedenfalls habe ich keine Ahnung von Autos.

Peter: Ich auch nicht. Ich sage immer: Hauptsache, es fährt.

Andrea: Genau. Aber besser wäre es, wenn ich wüsste an was es liegt, sonst müsste ich jetzt nicht zu Fuß laufen. Irgendwas ist an der Karre kaputt? Ich komme gerade aus Pirna von der Disko und habe zuvor noch meine zwei Weibsen zu Hause abgeladen. Meine beiden Freundinnen hatten wie du mehr als nur einen Trink im Turm.

Peter: Und dann tust du so, als wäre ich der einzige, der zum Freitagabend einen in der Schüssel hat.

Andrea: Ist ja gut, jedenfalls macht die Mistkarre vorn auf der Spreewälder Allee die Mücke. Ich konnte gerade so und mit Ach und Krach aus eigener Kraft den Wagen an den Straßenrand schieben.

Peter: Da ist wohl morgen dicke Luft bei euch?

Andrea: Hoffentlich nicht. Das glaub ich ehrlich gesagt auch nicht, denn meine Mutter ist immer der Meinung: Lieber fünf Minuten zu spät, als gar nicht ankommen. Doch die ist zurzeit auf längerer Geschäftsreise, irgendwo im Ausland unterwegs. Da werde ich wohl bei meinem Vater ein trauriges Gesicht aufsetzen müssen.

Peter: Ach, wird schon klappen. Es gibt viel Schlimmeres als so ein kaputtes Auto.

Andrea: Stimmt, aber manchmal vergisst man das und dann ist so ein kaputtes Auto der Aufhänger und es wird gewettert.

Peter: Ich weiß, was du meinst. Mein Kumpel Dirk hat mir auch einmal so etwas Ähnliches gesagt. Mach dir doch jetzt keinen Kopf darüber. Wird schon alles nicht so tragisch werden.

Beide laufen noch eine Weile durch die Nacht und unterhalten sich, ehe sie bei Andrea ankommen.

Andrea: Wir sind da. (erstaunt) Wie schnell doch die Zeit vergeht, wenn man jemanden zum Quatschen hat.

Peter: Ich hoffe, du kannst gut schlafen, nach dem Zwischenfall?

Andrea: Klar doch, pass du mal auf, dass du heute noch nach Hause findest.

Peter: Ich war doch schon so gut wie zu Hause.

Andrea: Meinst du?

Peter: Aber immer doch. (gibt ihr die Hand zum Abschied) Dann mach ich mich mal auf den Rückweg. (will gehen)

Andrea: Hey Peter!

Peter: Was ist?

Andrea: Lass den Kopf nicht so hängen, das sieht ja zum Heulen aus. Andere Mütter haben auch hübsche Töchter. (sie zwinkert ihm zu)

Peter: Wenn du meinst.

Andrea: Wird schon wieder. (überlegt) Weißt du was, besuche mich doch mal und dann zeige ich dir meine blöde Schwester. Und du wirst sehen, dass du den Namen Sylvia bei meiner arroganten Schwester ziemlich schnell vergessen wirst. Am besten kommst du gleich morgen vorbei. 15.00 Uhr passt gut.

Peter: Meinst du?

Andrea: Klar. Ich wäre echt beleidigt, wenn mein Lebensretter das Angebot nicht annehmen würde.

Peter: Na okay. Dann bis morgen. Tschau Andrea!

Andrea: Tschau Peter und pass auf dich auf. (geht ab)

Peter: Keine Angst, das mach ich schon. (wartet, bis sie verschwunden ist) Und wieder bin ich allein. (überlegt) Das Beste wird sein, wenn ich jetzt wirklich nach Hause gehe. Schlafe entspannt meinen Rausch aus und vielleicht verschwindet auch mein Kummer, … mein verdammter Liebeskummer. Oh Gott, Sylvia!

Verschwindet aus der Richtung, aus der er mit Andrea gekommen war.

2. Akt

1. Szene

In der Villa Schmidt

Alles ist ruhig. Sylvia sitzt traurig am Tisch im Gästeraum der Villa Schmidt und beklagt sich über die Sinnlosigkeit des Wochenendes. Vier, fünf Stühle stehen um den Tisch herum, auf dem eine Schüssel Obst steht.

Sylvia: Nun war ich um dieselbe Zeit wie am gestrigen Tag auf dem Sportplatz. Hab mir doch tatsächlich eingebildet, dass der süße Typ von gestern auch wieder da sein würde. Es ist doch wie verhext. Ich habe ihn nur wenige Minuten gesehen und in mir ist so ein Verlangen, ihn wieder zu sehen. (trommelt mit dem Zeigefinger auf dem Tisch herum) Ich will, ich will, ich will ... ihn unbedingt wieder sehen. (überlegt) Ich könnte ja im Telefonbuch nachschlagen und herausfinden, wo er wohnt, dann wüsste ich ... Ach nein, geht ja nicht. Ich habe ja nur seinen Vornamen. Wie doof!
Andrea: (tritt auf) Was ist denn mit dir los?
Sylvia: Ach nix, mir ist nur ein wenig übel.
Andrea: Soll ich dir eine Tablette holen?
Sylvia: Nein, danke. Es geht schon. (Andrea geht wieder ab)
Harry: (tritt auf) Du hängst da wie ein Trauerkloß, lass dich doch nicht so hängen, Mädchen!

Sylvia: Kannst auch nur rummeckern. Was soll ich denn deiner Meinung nach tun?

Harry: Du kannst ... Nun ja, du kannst ...

Sylvia: Was denn?

Harry: Du kannst das Bad sauber machen!

Sylvia: Oh nein, das Bad. (schlägt die Hände über dem Kopf zusammen) Was Besseres ist dir wohl nicht eingefallen, was?

Harry: Doch! Du kannst ruhig ein paar Aufgaben übernehmen, die sonst deine Mutter für dich, ... äh für euch, ... äh, für uns ... erledigt.

Sylvia: Andrea ist aber auch noch da.

Harry: Die bekommt auch noch eine Aufgabe. Keine Angst.

Sylvia: Na hoffentlich! Ich bin schließlich nicht die einzige in diesem Haushalt, die gerade mal eine ruhige Minute für sich hatte. (steht beleidigt auf und geht ab)

Harry: Ja ja - Sylvia, meckere nur, das befreit. (sucht) Wo habe ich denn den Autoschlüssel hingelegt? Andrea? Andrea!

Andrea: (tritt wieder auf) Ja? Was ist denn, Papa?

Harry: Hast du meinen Autoschlüssel gesehen?

Andrea: Nein. Du hast ihn doch heute Morgen von mir bekommen und das Auto abgeholt, da wo ich es habe stehen lassen.

Harry: Hmm, wo sind denn ...? So etwas kann doch nicht wahr sein. Irgendwo müssen sie doch sein! (sein Handy klingelt) Ja? Ach, du bist es. Peter. - Ach ja, Paul Peter. - Was? - Bist hier in der Nähe. - Ob du vorbeikommen kannst? Ja klar, ich habe Zeit. Von mir aus. Nur Kaffee ist noch keiner gemacht. - Ist nicht so schlimm? - Okay, komm vorbei. Ich möchte dir außerdem einen Vorschlag machen, der mir gestern noch spontan eingefallen ist und von dem du vielleicht überrascht sein wirst. Okay, bis gleich. (kramt wieder in seinen Taschen nach dem Autoschlüssel) Sylvia? (wartet auf Antwort) Sylvia!

Sylvia: (nur die Stimme ist zu hören) Was denn Papa?

Harry: Setze doch bitte ein paar Tassen Kaffee auf. Wir bekommen Besuch.

Sylvia: (tritt auf) Ich denke, ich soll das Bad machen. Was soll ich denn noch alles machen? Ich kann doch nicht hexen.

Harry: Ist ja gut, beruhige dich wieder.

Sylvia: Habe ich vier Hände?

Harry: Dann beauftrage Andrea damit. Aber gib ihr am liebsten das Wörtchen SOFORT mit auf den Weg und viele Grüße von Papa. Nicht, dass der Kaffee erst morgen fertig ist.

Sylvia: Werde ich. (geht ab)

Harry: Diese Gören! Keinen Handschlag zu viel machen. (schüttelt mit dem Kopf) Frauen! Wo ist denn nur dieser Schlüssel? (geht ab)

Etwas später. Paul Peter steht vor der Tür der Villa Schmidt und klingelt.

Harry: (tritt wieder auf) Ah! Das wird er sein. (öffnet die Tür) Hallo Peter! Komm rein.

Paul: Tag Herr Schmidt! Ich heiße Paul. Peter ist mein Nachname.

Harry: Ach ja. Du musst entschuldigen. Ich ...

Paul: Ist schon okay. Wie geht es Ihnen?

Harry: Danke, besser. Ein paar blaue Flecken. Vielleicht gehe ich noch zum Arzt? Das meiste sicherlich nur Prellungen. Dem Kopf geht es aber Gott sei Dank schon wieder besser.

Peter: Na ja, Sie haben ja einiges abgekommen.

Harry: Sylvia?!? Peter ... äh, Paul ist da. Sei so lieb und bringe uns doch bitte den Kaffee.

Sylvia: (tritt auf) Was, Peter? Wer? Wo?

Harry: Was ist denn mir dir los? Warum bist du plötzlich so hibbelig? Du sollst nur den Kaffee bringen. Bitte.

Sylvia: Ach nichts, Papa. Ich ... also wie vermutet, auch wenn du vorhin gesagt hast, dass es Andrea machen soll, so blieb deine Aufforderung mit dem Kaffee eh wieder an mir hängen.

Harry: (winkt ab) Sei nicht albern. Was ist denn nun mit dem Kaffee? Ist schon welcher da oder soll ich ihn selbst machen?

Sylvia: Da ich ja so ein braves Mädchen bin, habe ich auch an dich gedacht und ihn sofort aufgesetzt. Er braucht leider noch ein Weilchen.

Harry: Nun denn, dann braucht er eben noch ein Weilchen. Habe ich dir schon Pe ..., ich meine: Paul Peter vorgestellt?

Sylvia: Wann sollst du das denn gemacht haben?

Harry: Dann mach ich es jetzt. Das ist der Junge, mit dem ich mich nach dem gestrigen Zwischenfalls unterhalten habe. Und wenn er nicht zufällig aufgetaucht wäre ...

Paul: Hallo!

Sylvia: Grüß dich! Das gestern mit meinem Vater ist ja unglaublich!

Paul: Du sagst es.

Harry: Setz dich doch bitte.

Paul: Okay. (setzt sich mit Harry und Sylvia an den Tisch) Danke.

Harry: Paul! Ich habe dir ein Vorschlag zu machen.

Sylvia: Pass auf jetzt kommt wieder etwas Wichtiges.

Harry: Ich habe mir gestern auf dem Heimweg, die Dinge die dich beschäftigt haben, noch einmal durch den Kopf gehen lassen. Und bin zu dem Entschluss gekommen, dass ich dir persönlich eine Chance geben will.

Paul: Wie jetzt?

Harry: Einfach mal alles anders machen als so ein typisches Vorstellungsgespräch. Ich bin es ein wenig satt, solch unpersönliche Dinge wie Ablehnungen auf dem Papier zu unterschreiben. Einfach eine Ablehnung unterschreiben bei Menschen, die ich nicht mal gesehen habe, die mir aber die Personalabteilung vorlegt. Menschen, die vielleicht im Moment die Kriterien nicht erfüllen, aber ... Also ich möchte dir einen Job bzw. eine Ausbildung bei uns anbieten. Zuvor jedoch mit einer Probezeit von sagen wir einem halben Jahr. Sollte alles glatt gehen, hast du eine gesicherte Ausbildung. Wie denkst du darüber?

Sylvia: Mensch Papa, das ist ja ein richtig menschlicher Zug von dir. Toll!

Harry: Da staunst du, Mädchen? Was dein alter Herr so alles noch zu tun vermag.

Paul: Ich ... äh ...

Harry: Was ist Paul?

Paul: Herr Schmidt! Ich muss Ihnen etwas gestehen. Ihr Angebot ist phantastisch und mit Sicherheit mehr als akzeptabel. Nur ...

Harry: Nur?

Paul: Nur ... wie soll ich es sagen? Menschen müssen sich entscheiden. Nach unserem Treffen gestern habe ich mich auf dem Rückweg nach Hause dann auch entschieden. (kleine Pause) Ich werde mit hundertprozentiger Wahrscheinlichkeit ein Studium beginnen, komme, was wolle.

Harry: Bist du dir ganz sicher, dass du das Richtige machst?

Paul: Ich bin mir nicht sicher, ob es das Richtige ist. Aber ich bin mir im Moment sicher das Richtige zu tun. Und ich glaube, damit ist mir ein größerer Erfolg garantiert, als mich in andere Dinge jetzt zu stürzen. Ihr Angebot in allen Ehren! Es ist ein Top-Angebot. Aber ich habe mich entschieden. Zum Glück habe ich auch etwas Rückhalt und den Zuspruch meiner Eltern, was mir die Entscheidung zu treffen doch etwas leichter gemacht hat.

Harry: Wenn du glaubst, das Richtige zu tun, dann will ich dich natürlich nicht daran hindern, deinen eigenen Weg zu gehen. Wie schon gesagt, wenn du weißt, was du willst, dann geht es voran.

Sylvia: Paul. Paul war doch dein Name?

Paul: Ja.

Sylvia: Paul, ich sehe es wie du. Man muss selbst entscheiden, was für einen das Richtige ist und die Konsequenzen dann auch selber tragen.

Harry: Wenn man seine Entscheidung dann auch umsetzt.

Sylvia: Ja Papa, sollte man. Also ganz ehrlich, wenn jemand etwas macht, was einem noch nie richtig zugesagt hat, dann hat er wahrscheinlich stets das Gefühl und vor allem wenn dies schiefgehen sollte, es immer wegen der anderen getan zu haben. Ich glaube, das würde ich mir nie verzeihen. Es wäre nicht das eigene Leben, was ich dann gelebt hätte. Glücklich macht einen die Arbeit sicherlich auch nicht.

Paul: Nicht jeder kann aber frei entscheiden. Manch einer muss Bäcker werden, damit er überhaupt was verdient und in Beschäftigung ist.

Sylvia: Muss er das?

Harry: Von Glück zu sprechen, ist da fehl am Platz. Glück hast du, wenn du die Möglichkeit hast, frei zu entscheiden. Sylvia, ihr wollt immer nur das Beste machen. Am besten keinen Stress haben. Wenig Arbeit und viel Spaß. Viel Geld für's Nichtstun. Das Leben besteht nicht nur aus Spaß.

Sylvia: Ja Papa, das weiß ich.

Harry: Manchmal bin ich mir da nicht so sicher. Das Leben mit seinen Entscheidungen ist eine ernste Sache und manchmal sehr hart; auch für dich!

Sylvia: Typisch deine Generation!

Harry: Generation?

Sylvia: Wieso denn nicht? Ich kann doch den leichtesten Weg wählen und dazu noch den eigenen Weg gehen. Wenn ich das Leben so sehe, warum denn nicht? Wenn es dann noch klappt, so wie ich es mir vorstelle, ist es umso besser.

Paul: Du triffst den Nagel auf den Kopf, denn wenn ich wirklich scheitern sollte, so weiß ich warum. Es war zudem meine Entscheidung. Und ich denke, dann werde ich so manche Entscheidung auch nicht oder auf alle Fälle weniger bereuen. Ich kann alles besser überschauen, will ich meinen. Denn ich weiß dann auch, wo wieder ein neuer Anfang zu finden ist. Nämlich bei mir und bei dem, was ich möchte. Für die neue Entscheidung bin ich dann weniger vorbelastet.

Harry: Jede neue Erfahrung, ob nun positiv oder negativ bringt einen weiter. Man lernt immer dazu und muss das Beste daraus machen. Natürlich auch aus seinen einmal getroffenen Entscheidungen. Schön, dass ich das mal von dir erfahre Sylvia, dass du auch so denkst. Ich bin überrascht.

Andrea: (tritt auf) Papa! Sylvia hat ... Oh? Hallo!

Paul: Hallo!

Harry: Das ist Paul, der junge Mann von gestern. Du weißt schon, von dem hatte ich euch heute am Morgen erzählt.

Andrea: Ich bin Andrea. Danke Paul, Papa sieht echt nicht gut aus. Wäre vielleicht noch schlimmer geworden, wenn du nicht aufgetaucht wärst.

Paul: Nun ja …

Andrea: Ist echt eine miese Sache, was da passiert ist! (Paul nickt zustimmend)

Harry: Darf ich vorstellen: (lächelt) Mein anderer Quälgeist!

Sylvia: (wendet sich an Andrea) Wo warst du denn vorhin, als ich dich gerufen habe?

Andrea: Im Keller, mein liebes Schwesterlein. Musst du eben lauter rufen oder herunterkommen, wenn du was willst.

Sylvia: Ich war im Keller, Andrea. Doch da war niemand. Hast dich wohl verlaufen? (schnippisch) Passiert dir öfter.

Andrea: Musstest wohl wieder zu viel allein machen, was?

Harry: Reißt euch zusammen! (haut auf den Tisch) Ihr habt euch wohl zu lange nicht mehr gestritten? Wir haben Besuch. Benehmt euch bitte.

Andrea: Aber …

Harry: Schluss jetzt! Sylvia hole bitte den Kaffee, der müsste langsam fertig sein.

Sylvia: Hättest ruhig auch mal Andrea damit beauftragen können. (geht ab)

Harry: Geh schon. Andrea geht mit und holt die Tassen!

Bevor Andrea dazu kommt, die Tassen zu holen, klingelt es. Peter Maulberg steht an der Tür. Andrea rennt zur Tür und entkommt somit dem Auftrag von ihrem Vater Harry Schmidt. Peter hält eine rote Rose in der Hand und fährt sich durch das Haar.

Andrea: Ich mach auf. (sie schaut auf die Uhr) 15.00 Uhr! Es ist wahrscheinlich sowieso für mich.

Harry: Das sind meine Töchter. (verdreht leicht die Augen, Paul grinst ihn an)

Andrea: Hallo Peter! Freut mich, dass du wirklich vorbeikommst.

Peter: Hallo Andrea! Klar doch.

Andrea: Komm herein.

Peter: Danke.

Andrea: Halt dich fest Peter, du wirst echt lachen. Weißt du, was es war, warum ich stehen geblieben bin?

Peter: Was denn?

Andrea: Ich hatte kein Benzin mehr. (Peter grinst und schüttelt den Kopf ungläubig) Grins nicht so dämlich und komm endlich rein. Ich glaube, du kommst gerade richtig zum Kaffeeklatsch. Sylvia hat schon Kaffee gemacht, und ich hoffe - genügend!

Peter: Sylvia. Wer ist Sylvia? Ich ...

Andrea: Meine Schwester, von der habe ich dir doch gestern erzählt.

Peter: Ach ja. Hatte ich ganz vergessen. Wo ist sie?

Andrea: Kommt gleich. Erst einmal ... (stellt die Personen am Tisch vor) Das ist mein Vater und das ist ...

Peter: Hey Paul! Was machst du denn hier?

Paul: Peter? Mensch Junge, wie klein doch die Welt ist. (klatschen freundschaftlich ab)

Peter: Schön Guten Tag Herr Schmidt! (gibt Andreas Vater die Hand)

Harry: Grüß dich Peter! (steht auf) Peter? Seid ihr Brüder?

Paul: Nein, nur der Name.

Peter: Vor- und Nachname.

Harry: Ach so, ich vergaß.

Andrea: Papa, das ist der junge Herr, der mich gestern nach Hause gebracht hat und mich vor drei Typen, die mich bedrängt haben, gerettet hat. Filmreif gerettet.

Harry: Jetzt, wenn ich die Geschichte noch einmal höre, da ... (überlegt und schlussfolgert) ... also drei Typen waren das? Soso?

Andrea: Ja. Sie hatten alle eine Glatze und waren schon stink besoffen. Sie haben mich begrabscht und wollten mir Schnaps einflößen, da kam glücklicherweise Peter. Nachdem er ihnen eine verpasst hat und sie in die Flucht geschlagen hat, war er auch noch so nett und mich nach Hause begleitet. Sicherheitshalber.

Harry: Was sagst du da, drei Typen mit Glatze? Schnaps und besoffen. (überlegt immer noch angestrengt) Hieß da zufällig einer Erwin?

Peter: Wenn Sie es sagen. Ich glaube, ... ich glaube: ja! Der eine rief irgendwas und erwähnte den Namen Erwin. Also, jetzt wo Sie es tatsächlich sagen, bin ich mir ziemlich sicher. Kennen Sie die Typen?

Harry: Kennen? Solche Leute möchte ich nicht kennen. Ab mit denen in eine Strafkolonie! (ist sichtlich aufgebracht) Die dürften gar nicht erst existieren. Pack ist das! Das waren wahrscheinlich dieselben Schläger aus dem Park, denen ich gestern begegnet bin. Diese Schweine!

Andrea: Papa?

Harry: Ist doch wahr! Ganz ehrlich: Wenn herausbekomme, wer das ist, dann können die sich auf etwas gefasst machen. Die sollen mir noch einmal über den Weg laufen ...

Paul: So wie ich Peter kenne, hat er ihnen eins ordentlich übergebraten.

Peter: Hab ich. Anders war es auch nicht zu regeln. Gewalt ist nicht die Lösung, ich war jedoch selbst mies drauf und ... nun ja, es war aber die richtige Entscheidung. Quatschen hätte da nichts gebracht.

Harry: Du hast Recht, ich lehne Gewalt grundsätzlich ab ... doch manchmal ... jedenfalls danke, dass du meiner Tochter geholfen hast. Wie kann ich mich nur erkenntlich zeigen?

Peter: Nicht der Rede wert. (hält die Rose immer noch in seiner Hand) Hier Andrea, die ... (Sylvia tritt auf) Sylvia?

Sylvia: Papa hier ist der Ka ... Ka ... Kaffee! (ist mehr als nur überrascht) Peter?

Paul: (zu Andrea) Gleich lässt sie den Kaffee fallen.

Peter: Sylvia! Die Rose, die Rose ... also die ist, ... die ist für dich Sylvia!

Andrea: Wie jetzt? Was ist denn mit euch los?

Harry: Kennt ihr euch?

Sylvia: Ja, das ist Peter.

Harry: Und?

Sylvia: Was und?

Harry: Und weiter?

Sylvia: Nichts weiter. Peter halt. (lächelt ihn verliebt an)

Andrea: Du hast doch gerade gesagt, du kennst ihn.

Peter: Wir kennen uns vom Sportplatz. (lächelt verliebt zurück)

Sylvia: Ja! Ja, wir kennen uns vom Sportplatz.

Paul: Peter? Was macht eigentlich ... Dirk?

Peter: Was? Wer?

Paul: Dirk?

Peter: Dirk?... Ah Dirk. (schaut auf Sylvia) ... Der ist verliebt. (fängt sich wieder) Nein, nicht verliebt. Äh, Dirk, der, ... der versauert gerade zu Hause. Dirk ist so kurz nach der Bundeswehr arbeitslos. Hat nichts in Aussicht und will sich ein bisschen ausruhen und dann eine Lehre anfangen. Frag mich aber nicht, was. Mal will er das eine, dann hat er wieder einen anderen Beruf im Sinn. Aber so wie es aussieht, wird er wohl in die Computerbranche einsteigen.

Paul: Ja, da hat er schon immer etwas drauf gehabt. Obwohl man ihm das gar nicht so ansieht.

Harry: Nun setzt euch. Der Kaffee wird sonst kalt. Ach die Tassen! Einen kleinen Moment. (geht und holt die Tassen)

Peter: (setzt sich) Extra Kaffee. Das ist ja nett.

Andrea: (setzt sich) So sind wir eben.

Sylvia: (setzt sich neben Peter) Peter?

Peter: Ja?

Sylvia: Gestern auf dem Sportplatz ...

Harry: (taucht wieder auf) Soooo, die Herrschaften, da bin ich wieder. Mit den Tassen natürlich. (serviert und schaut zu Sylvia) Wolltest du was sagen Sylvia?

Sylvia: Ach nein. Ist schon vorbei.

Harry: (wechselt das Thema) Sag mal Paul, woher kennst du eigentlich Peter? Es klingt ja fast so als würdet ihr euch aus dem Kindergarten kennen.

Paul: Soweit zurück nicht, aber die Schule trifft es schon eher. Paul ist kurz nach der Wende in meine Parallelklasse gekommen. Er ist dann sozusagen zu unserer Clique hinzugestoßen. Wir hatten viel Spaß.

Peter: Wir haben uns seit der Schule nicht mehr gesehen.

Paul: Sind nun auch schon wieder zwei Jahre.

Peter: Ist wahr. Mensch, wie die Zeit vergeht. (überlegt) Wenn ich den Lauf der Zeit schon jetzt derart mitbekomme, wie muss es dann sein, wenn man älter ist?

Andrea: (stichelt) Sylvia, warum sagst du denn nichts mehr? Kannst doch sonst zu allem dein Kommentar hinzu geben.

Sylvia: Halt den Mund! Außerdem ... was soll ich denn sagen? So einen dummen Kommentar, wie von dir eben, muss ich ja wohl wirklich nicht abgeben.

Andrea: Ha, ha, ha! Du bist ja ...

Harry: (unterbricht die beiden) Schluss jetzt! Das kann doch nicht wahr sein. Dieses ewige Gestreite!

Andrea: Möchte jemand von euch ein Gebäck?
Peter und Paul: Nein, danke!
Andrea: Du Sylvia?
Sylvia: Nein, danke!

Es entsteht eine kurze Schweigeminute. Jeder nippt an seiner Tasse und bemerkt, dass der Kaffee noch viel zu heiß ist.

Harry: Ihr seid ja alle so ruhig. Hat es euch die Sprache verschlagen?
Paul: Nicht unbedingt. Ist vielleicht bloß der falsche Augenblick im Moment zu fragen, wo Ihre Toilette ist?
Harry: Ach was. Andrea, zeige doch bitte Pe ... ich meine: Paul, wo die Toilette ist.
Andrea: Geht klar. (steht auf) In diesem Haus hat sich schon mancher dumm und dusselig nach der Toilette gesucht. Ist nicht so leicht zu finden. Eigenanbau von Papa.
Paul: Ist ja auch ein halber Palast, was ihr hier habt. (verschwindet mit Andrea)
Sylvia: Ich ... ich finde den Moment ganz okay. Wenn nicht gar ...
Peter: Wundervoll?
Sylvia: Ja, du sagst es.
Harry: (erkennt die Situation) Ähm, ich glaube mein Faxgerät rattert. Ich geh mal kurz nachschauen. Ihr kommt alleine klar?
Sylvia: Was?
Harry: Bin schon weg. (geht ab)

Wieder entsteht eine Minute voller Schweigen.

Peter: Tja.

Sylvia: Tja.

Peter: Wie gesagt. Ich bin Peter Maulberg. Und du … du bist Sylvia. Sylvia Schmidt.

Sylvia: Die Schwester von Andrea Schmidt.

Peter: Tja, Sylvia.

Sylvia: Was ist?

Peter: Ich weiß nicht.

Sylvia: Ich auch nicht, Peter.

Peter: Tolle Bude habt ihr hier.

Sylvia: Ja, hat Papa bauen lassen. Und baut auch selbst ein wenig. Hier und da, wenn er mal Zeit hat.

Peter: Teuer was?

Sylvia: Kostet sicherlich ein bisschen was. Kenn ich mich da nicht so aus, ehrlich gesagt.

Beide: (gleichzeitig) Sylvia ich … - Peter ich …

Peter: Wie bitte?

Sylvia: Nein, sag du.

Peter: Erst du.

Sylvia: Du!

Peter: Ich, äh … Hast du einen Freund?

Sylvia: Nein.

Peter: Yeah! (freut sich sichtlich)

Sylvia: Wenn du aber glaubst, ein Date mit mir zu bekommen, dann irrst du dich gewaltig!

Peter: Wie? (leise) Scheiße! Ich meine Schade. Ich … woher willst du wissen, dass ich ein Date mit dir …?

Sylvia: Warum hast du mich gestern auf dem Sportplatz wohl nach meinem Namen gefragt?

Peter: Naja, weil …

Sylvia: Weil du was von mir willst?

Peter: Nicht unbedingt.

Sylvia: Wie meinst du das jetzt?

Peter: Ich will kein Date. Ich wollte …, ach ist doch jetzt auch egal! (nimmt sich Zeit und wählt seine Worte mit Bedacht) Ich wollte dich kennenlernen, weil ich noch nie eine so attraktive und überaus himmlische Person des weiblichen Geschlechts kennengelernt bzw. gesehen habe, so wie es bei dir der Fall ist. So! Jetzt ist es raus! (atmet auf)

Sylvia: (ist geschmeichelt) Danke!

Peter: Bitte schön! Ich hoffe, dass du mich jetzt nicht rauswirfst oder etwas Ähnliches machst.

Sylvia: Warum sollte ich?

Peter: Ich weiß nicht. Ich denke mal, weil ...

Sylvia: Ich denke mal, du weißt, warum ich dir kein Date geben kann?

Peter: Willst du mich auch noch auf den Arm nehmen?

Sylvia: Nein, woher denn? Ich will dir nur verklickern, warum.

Peter: Na dann schieß mal los. (und etwas leiser) Damit ich mich gleich am nächsten Baum erhängen kann!

Sylvia: (hat es vernommen) Du spinnst wohl!

Peter: Bin wohl nicht der erste, dem du eine Abfuhr erteilst.

Sylvia: Sag mal!

Peter: Was?

Sylvia: (erhebt sich aufbrausend) Ich wollt dir nur sagen, dass du kein Date mit mir bekommen kannst, weil ich dich fragen wollte, ob ich eines von dir bekomme? So ist das!

Peter: (verwirrt) Wie jetzt?

Sylvia: Du hast richtig gehört. Ich möchte ein Date mit dir.

Peter: Ja?

Sylvia: Ja!

Peter: Yeah. (ist glücklich, immer noch verwirrt und braucht ein paar Millisekunden) Du spielst mit mir? Find ich nicht gerade fein von dir, wenn es so ist.

Sylvia: Ich meine es ernst, Peter.

Peter: Du meinst es ernst?

Sylvia: Ja man(n)!

Peter: Hoffentlich. Denn hätten wir heute nicht ... so ein Schicksalsdate gehabt, eher ein Zusammenstoß, dann hätten wir uns vielleicht nie wieder gesehen und dann. Wer weiß schon?

Sylvia: Wer weiß schon? Im Grunde genommen, haben wir ja jetzt schon ein Date. Richtig.

Peter: Ja, das haben wir.

Sylvia: Hast ja Recht, ich bin manchmal eine Ziege.

Peter: Besser gesagt, du warst eine Ziege. Ich seh dich nicht als Ziege, ehrlich. Außerdem würde ich dein Gesicht nicht unbedingt mit einer Ziege vergleichen. Wie sehe das aus?

Sylvia: Mit was denn dann?

Peter: Mit einer Kuh.

Sylvia: Was? (Peter feixt) Alter Ochse!

Peter: Dann passen wir ja gut zusammen.

Harry: (kommt wieder) Was ist denn hier los?

Sylvia: (setzt sich wieder) Nichts, wir haben uns nur … unterhalten.

Harry: Mit „Alter Ochse"? Ich gehe mal davon aus, dass ihr eine nicht gerade übereinstimmende Debatte führt.

Paul: Kann man nicht so direkt sagen, Herr Schmidt. Im Grunde liegen Sie falsch.

Harry: Im Grunde? Wie?

Sylvia: Ja, da mag er nicht Unrecht haben.

Harry: Wollt ihr mich verschaukeln?

Sylvia: Nö!

Peter: Ganz und gar nicht.

Harry: Hätte ich euch auch geraten. Wo bleibt denn nur Pe ... Paul und Andrea? Der wird doch nicht ins Klo gefallen sein. Andrea? Andrea!

Andrea: (kommt mit Paul aus der Küche) Ja Papa? Was ist denn?

Harry: Wo bleibt ihr denn nur? Der Kaffee wird ja ganz kalt. Schmeckt doch nicht mehr.

Andrea: Ich war in der Küche und habe mich ein Weilchen mit Paul unterhalten. Ich habe ihm einen unserer Marmorkuchen und einen Apfel angeboten, weil er doch etwas Appetit bekommen hat.

Harry: Und dazu braucht ihr so lange in der Küche?

Andrea: Mensch Papa! Wir haben uns halt eben festgequatscht.

Harry: Soso. Festgequatscht.

Andrea: Nicht -soso-. Sondern es war: so. Genauso.

Harry: Paul, setzt dich doch. Du brauchst hier nicht stehen zu bleiben.

Paul: Nein Danke. Ich hatte ganz vergessen, dass meine Eltern mich heute Nachmittag noch zum

Möbelschleppen verurteilt haben. Und ich sitze hier. Hatte ich echt ganz vergessen. Die sind vielleicht schon sauer?

Harry: Dass dir das jetzt erst einfällt.

Paul: Tut mir leid. Hatte ich ganz vergessen.

Harry: Versteh ich, das geht schon vor. Aber ob dir der Kaffee das verzeiht, das kann ich nicht garantieren. (versucht zu scherzen)

Paul: Ich hoffe doch. (grinst) Das wäre ja sonst unverantwortlich.

Andrea: Also … du kannst ruhig mal wieder vorbeischauen, Paul!?

Harry: Ja klar. Wir würden uns freuen. Und wenn dann meine Frau wieder da ist, dann gibt es bestimmt auch selbstgemachten Kuchen und kein Marmorkuchen aus der Verpackung.

Paul: Ne, geht klar. Mach ich gern.

Harry: Wir sehen uns, Paul.

Paul: Okay, Herr Schmidt, dann bis zum nächsten Mal. (zwinkert ihr zu) Andrea. Tschau!

Andrea: Bye bye Paul! Ruf doch mal an. Nummer steht im Telefonbuch.

Paul: Mach ich. Tschüss Sylvia! Tschüss Peter. Sag Dirk bitte einen schönen Gruß von mir. (geht ab)

Peter: Geht klar. Ahoi!

Sylvia: Mach's gut.

Harry: Schade, dass er so früh gehen muss. Will jemand noch eine Tasse Kaffee trinken?

Peter: Eigentlich nicht. Danke! Mein Herz rast eh so schon.

Andrea: Nicht mehr, reicht. Habe außerdem noch was in der Tasse.

Sylvia: Ich auch.

Harry: Dann schaffe ich mal Pauls Tassen in die Küche. (geht ab)

Andrea: (wartet bis der Vater verschwunden ist) Nun Peter, was hältst du von meiner Schwester?

Peter: Sie ... sie ... Also sie ist so, wie du sie mir vorgestellt hat.

Sylvia: Ich kann mir schon denken wie sich mich vorgestellt hat. (macht eine Grimasse zu Andrea)

Peter: Nein, Scherz bei Seite. (gesteht Andrea) Deine Schwester ist das Mädchen, nun ja, von dem ich dir erzählt habe.

Andrea: Echt? (kann es fast nicht glauben, grinst jedoch allwissend) War doch irgendwie klar.

Peter: Klar?

Andrea: Na, so wie ihr euch vorhin angeschaut habt. Das sieht ja ein Blinder mit dem Krückstock. Habe deswegen gleich mal Paul in die Küche gelockt und ihm ein Stück Kuchen aufgeschwatzt. Damit ihr eventuell ...

Sylvia: Netter Zug von dir, Andrea. (meint es aufrichtig) Danke!

Andrea: Siehst du? Auch dazu können Schwestern gut sein. Übrigens: Paul ist auch ganz okay, wie ich finde.

Peter: Euer Vater ist ja tierisch gut drauf. Richtig tolerant mit der Jugend.

Sylvia: Naja. Er hat auch seine Phasen. Und wenn ihm so etwas wie gestern Nacht passiert, dann könnte er sich zu Tode ereifern.

Andrea: Ja, richtig ungemütlich.

Peter: Dass er so viele junge Leute um sich hat, beeindruckt mich schon.

Andrea: Ist ja nicht jeden Tag. (vermutet) Er will halt jung bleiben.

Sylvia: Einmal hat er gesagt: - Wenn man, wie ich als alter Knacker, viel mit jungen Menschen zusammen ist, dann bleibt man lange jung und rostet nicht so schnell. -

Andrea: - Vor allem im Hirn! - meinte er.

Sylvia: Ja das sagt er öfter. Der Spruch soll angeblich von seiner Mutter, also unserer lieben Oma stammen.

Peter: Vielleicht ist ja was Wahres dran?

Andrea: Wer es glaubt, der glaubt. (stellt fest) Ach Leute! Ich glaube, ich störe nur.

Sylvia: Du störst doch nicht.

Peter: Nicht die Bohne, was glaubst du denn?

Andrea: Doch doch. Ich lasse euch mal allein. Und macht keinen Scheiß! (steht grinsend auf)

Beide: Wir doch nicht.

Andrea: Erzählt das sonst wem, aber mir nicht. (geht ab)

Sylvia: Weg ist sie.

Peter: Ja. Jetzt sind wir allein. (kurze Pause) Sag mal, hast du heute Abend Zeit?

Sylvia: Heute Abend?

Peter: Ja, jetzt aber mal im Ernst. Möchte dich gern näher kennen lernen. Lass uns eine Runde spazieren gehen.

Sylvia: Klar, such dir eine Stunde aus.

Peter: (schaut auf die Uhr) Ich warte um zehn vor eurem Haus. Danach können wir auch gern in ein Pub gehen und quatschen oder irgendetwas anderes machen. Halt einfach: Spazieren. Gern im Park.

Sylvia: Da bin ich dabei. Wieso fragst du, wir haben doch jetzt alle Zeit der Welt oder musst du auch schon wieder weg?

Peter: Du sagst es. Paul ist nicht nur der einzige, der noch etwas zu erledigen hat. Wir haben eine Katze und die will auch verpflegt werden. Wenn es meine Schwester nicht gemacht hat … Außerdem haben wir einen riesen Berg Kohle vor der Haustür, der auch noch in den Keller gekarrt werden möchte. (steht auf)

Sylvia: Ihr feuert noch mit Kohle? (steht auch auf)

Peter: Solche Leute soll es noch geben. Ja Sylvia, wir feuern noch mit Kohle! Ehrlich gesagt, kotzt mich das Kohlenschleppen ziemlich an, aber naja. Ich meine … je schneller ich jetzt nach Hause komme und mich den Kohlen widme, desto schneller kann ich wieder bei dir sein.

Sylvia: Stimmt. Finde es auch schön, dass wir uns so schnell wie möglich wiedersehen. (leise) Ich … ich finde dich himmlisch.

Peter: (ebenso leise) Danke. Das beruht auf Gegenseitigkeit.

Sylvia: Ich bin echt froh, dass uns der Zufall noch einmal zusammengeführt hat. (kommen sich näher)

Peter: Ich auch.

Sylvia: Ich freue mich schon und warte sehnsüchtig auf heute Abend. (umarmt ihn)

Peter: Nicht nur du. Also mach's gut, bis heute Abend. (etwas überrascht und umarmt sie auch)

Sylvia: Tschau! Und Peter? (löst sich los)

Peter: Ja?

Sylvia: Wenn ich die Kuh und du der Ochse bist, dann passen wir vielleicht doch zusammen.
Peter: Das denke ich auch. Also bis später. (geht ab)
Sylvia: Bis später.

Sylvia schließt hinter Peter die Tür und springt mit einem Jubelschrei in die Luft. Vor der Tür, fast gleichzeitig, springt auch Peter mit einem Jauchzen gen Himmel und glaubt so hoch gewesen zu sein, dass er die Sterne hätte klauen können.

Sylvia: (zu sich selbst) Ich glaube, heute ist der Tag meines Lebens.
Harry: (kommt wieder) Ich denke, da wird es noch mehrere Tage geben.
Sylvia: Kann sein, doch dieser Tag ist ...
Harry: Ich weiß. Denkst du dein oller Vater ist blind? Ich habe doch gesehen, wie ihr euch angeschaut habt. Und glaubst du wirklich, dass ich von hier aus mein Faxgerät hören kann? (zwinkert ihr zu) Wo eure Mutter immer sagt: Lege dir mal ein Hörgerät zu! (seufzt) Wenn ich euch sehe, dann muss ich an deine Mutter und mich denken, so vor mehr als 20 Jahren. Wie schnell doch die Zeit vergeht?
Sylvia: Ist gut Papa.
Harry: Ich wollt bloß sagen, dass Peter okay ist - also, so auf den ersten Blick. Doch pass auf ...
Sylvia: Papa! Ich bin alt genug, um zu entscheiden, was geht und was nicht. Und von

schlechten Eltern bin ich ja wohl auch nicht erzogen worden oder?

Harry: Ja ja, nur ... ich mach mir halt auch Sorgen, um Andrea und dich.

Sylvia: Sorgen?

Harry: Ich habe es vielleicht falsch formuliert. Ich meine, ich mache mir auch so meine Gedanken.

Sylvia: (umarmt ihren Vater) Verstehe ich ja. Nur musst du mich schon selbst entscheiden lassen. Auch dann, wenn du dir große Sorgen machst oder lästige Gedanken hast. Irgendwann muss ich so oder so selbst wissen, was ich will.

Harry: Recht hast du. (drückt sie) Ist halt auch nicht leicht für Eltern. Setz mal die andere Brille auf und sieh es mit meinen Augen.

Sylvia: Hmm ja.

Harry: Aber ... wenn was ist, dann kannst du immer zu mir kommen.

Sylvia: Das weiß ich doch. (löst sich von ihm) Papa, ich geh auf mein Zimmer.

Harry: Mach das. Das Geschirr räume ich dann später weg. (leise und süffisant lächelnd) Wie so oft.

Sylvia: Oh, danke! (grinst und geht ab)

Harry: Die Sylvia. Hat sich verliebt. Sonst waren es immer nur irgendwelche Kerle, die ein Auto hatten, gut angesehen bzw. in ihren Augen cool waren. Doch dieses Mal hatte sie so einen Blick in ihren Augen, so ein Zittern in ihrer Stimme. Er hat ihr eine Rose mitgebracht. (grinst) Auch wenn sie sicherlich zu allererst für Andrea gedacht war. (überlegt) Andrea? ... Wird nicht lange dauern und Andrea hat denselben Ausdruck im Gesicht. Mein Gott! (schlägt die Hände über dem Kopf zusammen) Die Liebe hat sich im Hause Schmidt eingenistet. Das kann ja heiter werden!

2. Szene

Südpark

Peter und Sylvia sitzen seit über einer halben Stunde engumschlugen auf derselben Parkbank auf der tags zuvor Peter und Paul saßen. Beide sehen glücklich aus und unterhalten sich.

Peter: Was für ein schönes Gefühl? (drückt sie) Hier mit dir dieselbe Luft atmen zu können und alles andere zu vergessen. Bis vor kurzem hätte ich im Leben nicht geglaubt, das ich mir dir hier sitzen werden. Alles Mögliche, aber nicht das hier. Einfach da sitzen und glücklich zu sein. Du bist ... du bist ... einfach faszinierend.
Sylvia: Danke! (lächelt verlegen)
Peter: Das meine ich im Ernst.
Sylvia: Ich glaube dir.
Peter: War ein herrlicher Abend heute.
Sylvia: Es ist! ... Ein herrlicher Abend.
Peter: Stimmt.

Sie schauen zu den Sternen empor. Es ist warm, so dass man im T- Shirt dasitzen kann, und ein zärtlicher Hauch voll von unterschiedlichsten Gefühlen der Liebe, der Harmonie und des gegenseitigen Verständnisses liegt in der Luft.

Peter: Vor kurzem habe ich noch auf alles geschimpft und nun stört es mich überhaupt nicht mehr. Es ist mir sogar egal. Nein, nicht egal. Alles ist irgendwie möglich. Du, Sylvia, ich will einfach nie mehr aufhören zu träumen. Ich möchte einfach für immer und ewig hier sitzen bleiben. Mit Dir.

Sylvia: Geht mir auch so, Peter. ... Aber!

Peter: Aber? Was ist meine Herzallerliebste?

Sylvia: In einem hast du Recht, es ist wie ein Traum. Es ist schön. Trotzdem leben wir in der Realität. Wir leben im Hier und Jetzt. ...

Peter: Ich weiß.

Sylvia: Und du kannst nicht alles ignorieren was war, wie es ist oder wie möglicherweise sein wird. Ich möchte das nicht. Es gibt einfach schon zu viele Leute, die die Augen vor der Realität verschließen. Versteh mich nicht falsch!

Peter: Nein.

Sylvia: Und denen, denen es gut geht, von ihnen will meistens auch keiner ganz genau wissen, welche Probleme es über'm Gartenzaun beim Nachbarn wirklich gibt. Da will keiner so genau hinschauen, um zu wissen, wie schlecht es ihnen gehen könnte.

Peter: Außer sie wollen sich selbst wieder aufbauen. Ergötzen sich am Leid der anderen, damit es ihnen besser geht ...

Sylvia: Ja, die gibt es auch: Wenn es dir schlecht geht, geht es mir gut. Das ist der falsche Ansatz.

Peter: Ich weiß, was du meinst. Doch du kannst nicht alle über einen Kamm scheren.

Sylvia: Will ich auch nicht. Das Beispiel war auch nur allgemein gemeint.

Peter: Ich hoffe! Oder willst du das Glück, welches uns widerfahren ist, für andere aufgeben? Es ignorieren, enthaltsam leben oder was weiß ich? Nur damit es allen gleich geht?

Sylvia: Um Gottes Willen, nein. Es fiel mir nur gerade auf, wie uns vielleicht andere mit ihren Sorgen beneiden könnten. Gleichzeitig ist mir klar, dass es noch so viele andere Dinge neben unserer Liebe gibt, die unsere Liebe, unser Gefühl beeinflussen können.

Peter: Wie wahr. Wenn es einem gut geht, dann sieht man nicht, wie es dem anderen geht. Und meistens will man es auch gar nicht wissen. Die meisten Menschen denken sicherlich: Warum soll ich mich mit den Problemen anderer herumplagen?

Sylvia: Ob wir auch so werden?

Peter: Ich hoffe nicht!

Sylvia: Und diejenigen, die sich aus was weiß ich für einer Lage hochgearbeitet haben, wollen erst recht nicht mehr wissen, wie es einmal war und wie sie gelebt haben. Wie es war bevor sie einen bestimmten Status nunmehr innehaben.

Peter: Sie wollen vergessen und vergessen dann auch, wo sie selbst herkommen sind.

Sylvia: Ich glaube, das liegt in den Menschen tief drin. Die meisten von ihnen werden sich bestimmt nicht so schnell ändern. Wir ... werden hier nichts ändern.

Peter: Traurig ist das!

Sylvia: Ja.

Peter: Aber in den Menschen liegt auch noch einiges anderes tief drinnen.

Sylvia: Ja?

Peter: Na die Liebe!

Sylvia: Na - Gott sei Dank!

Peter: Ja - Gott sei Dank. (drückt sie wieder an sich) Lass uns jetzt nicht traurig sein. Lass es uns wie die anderen tun. Ignorieren und glücklich sein. Egal, ob es nun das Richtige oder das Falsche ist.

Sylvia: Ist die Liebe denn falsch?

Peter: Nein. Sie ist richtig.

Sie kuscheln sich einmal mehr an aneinander und lauschen für einen kurzen Moment den Grillen.

Sylvia: Hörst du die Grillen?

Peter: Laut und deutlich.

Sylvia: Schön was?

Peter: Ja, schön.

Sylvia: Aber manchmal gehen sie mir echt auf die Ketten. Vor allem dann, wenn ich am Abend einschlafen will. Aber jetzt, jetzt sind sie so richtig romantisches Beiwerk. (seufzt entspannt) Was für ein kurzes Leben sie doch haben.

Peter: ... kurzes Leben.

Sylvia: Ein kurzes Leben ist so richtig sinnlos.

Peter: Wenn man wenigstens einmal geliebt hat, dann war es nie sinnlos - das Leben. Außerdem: Wer lebt, der lebt. Egal, wie lange.

Sylvia: Die Grillen leben, ja ... Aber können sie lieben? Ich glaube nicht, dass sie sich lieben. ... Sie machen nur: Liebe. Poppen mal mit dem, mal mit dem, damit ihre Art weiter bestehen kann. Ein Leben ohne Gefühl. So sinnlos!?

Peter: Meinst du?

Sylvia: Klar.

Peter: Das glaube ich nicht.

Sylvia: Nun, ich denke es mir einfach einmal so. Warum soll es nicht sinnlos sein?

Peter: Also ich glaube, jeder trägt dazu bei, mal mehr - mal weniger, den Sinn des Lebens zu gestalten und auch das Gefühl. Jeder sein eigenes Gefühl und auch das der anderen. Die Grillen hier am Platze sind, wie du selber schon bemerkt hast, nicht unbeteiligt an unserem Gefühl. Ohne sie wäre dieser romantische Sommernachtshauch, den du durch ihre Töne empfindest, nicht auf diese Weise zu Stande gekommen.

Sylvia: Hmm, … so gesehen.

Peter: Und glaube mir, manchmal kann es echt eine Qual sein, Liebe zu empfinden. Es gibt bestimmt genug Menschen, die sich liebend gern der Liebe entziehen würden, um nicht so an ihren Gefühlen leiden zu müssen. Dann wären sie lieber auch „nur" Grillen. Und „nur" Teil eines Gefühls.

Sylvia: Ich möchte jedenfalls das ganze Gefühl! Und außerdem: (blickt ihn an) Schließlich kann ja nicht jeder einen so niedlichen Freund haben wie ich!

Peter: Du süße Egoistin. (blickt sie auch an und küsst sie auf die Wange)

Sylvia: Ja. Und nochmal: Ja!

Peter: Ich finde es einfach schön hier.

Sylvia: Ich auch. (es entsteht eine kurze Pause) Liebe! Tja, was ist Liebe?

Peter: Phuuu, eine große Frage.

Sylvia: Unsere Oma hat einmal gesagt: Lieber einmal unglücklich verliebt gewesen sein als gar nicht im Leben geliebt zu haben. Nichts ist trauriger.

Peter: Hmm ja ... Das Gefühl zu haben und zu spüren, da ist noch mehr, da ist jemand, der dich mag ... also das ist schon was Wundervolles.

Sylvia: Daher muss es auch nicht der Fall sein, wie wir vermuten, dass es viele Menschen gibt, die sich der Liebe ganz schnell und auf immer und ewig entsagen würden, nur weil sie die Qualen der Liebe nicht mehr aushalten.

Peter: Ne, muss eigentlich nicht sein. Vielleicht nur für eine bestimmte kurze Zeit? Also nur, wenn die Qual einfach zu stark wird. Genau dann, weil er seine Herzallerliebste oder sie ihren Herzallerliebsten eben nicht bekommen kann. Der Trennungsschmerz, die Sehnsucht und ... Also dann ist es vielleicht nicht verkehrt für wenige Minuten oder mal einen ganze Tag den Kopf frei zu bekommen. (erinnert sich) Ich habe zudem in einer Zeitung mal gelesen, dass der Liebesschmerz, der psychische Druck des Liebesschmerzes, der Schlimmste überhaupt ist, den ein Mensch haben kann. Wer hält schon so etwas auf Dauer aus?

Sylvia: Hmm, ... vielleicht hast du Recht, vielleicht auch nicht. Was zählt, ist doch, dass wir beide uns verstehen und uns ... (schüchtern) lieben.

Peter: Ja, Sylvia ... dass wir uns lieben.

Sylvia: Die Liebe macht so glücklich, so zufrieden. (kurze Pause) Kann man die Liebe nicht auf irgendeine Art und Weise unter den Menschen säen? So dass alles gut wird?

Peter: Wie meinst du das?

Sylvia: Naja, Liebe ist ja nicht nur körperlich und seelisch. Liebe gibt es doch auch in abgewandelter Form wie zum Beispiel als Ausdruck von Freundschaft, von Freundlichkeit, von Toleranz und noch eine Menge mehr der Möglichkeiten. Liebe setze ich hier einfach mal als Oberbegriff.

Peter: Und?

Sylvia: Warts ab. Ein Beispiel! Wenn ich früh am Morgen jemandem begegne, in einem Laden, und ich ihn anschnauze und dumm anmache oder ich mich abweisend verhalte oder was weiß ich für eine schlechte Eigenschaft zeige, dann kann ich doch den Menschen mir gegenüber mit dieser Eigenschaft ganz schnell anstecken. So dass er genauso mies gelaunt ist, wie ich.

Peter: Ja.

Sylvia: Und wenn ich mich halt zusammenreiße oder aus der Stimmung heraus, weil ich mich einfach gut fühle, diese Eigenschaft in eine Schöne, in eine Liebevolle ummünze und diese verwende, dann kann ich doch vielleicht, die Person auch mit dieser guten Eigenschaft anstecken. Einmal infiziert, gibt diese Person sie wieder weiter … und immer weiter. Somit sät man Liebe.

Peter: Kommt mir irgendwie bekannt vor. Das habe ich mal gelesen, in einem Buch. Etwas abgewandelt, aber so ähnlich war es dort beschrieben. Da ging es um den Frieden, dass man so Frieden säen kann.

Sylvia: Und was denkst du?

Peter: Wie du schon sagst: Vielleicht, vielleicht auch nicht. Es kommt darauf an, was Du gern selbst weiter geben möchtest.

Sylvia: Na, nur Gutes!

Peter: Dann tu es!

Das Gespräch der beiden Verliebten verstummt. Es sind nur noch die Grillen zu hören. Peter küsste Sylvia zärtlich auf die Stirn.

3. Szene

Ostpark

Eine sternenklare Nacht, Grillen zirpen. Tom und Karsten sitzen auf einer der schäbigen Parkbänke und trinken billigen Fusel.

Tom: Weiß du, warum wir hier sitzen und uns mit diesem billigen Fusel die Rübe zukippen?
Karsten: Sag's mir.
Tom: Wegen der Weiber.
Karsten: Wegen der Weiber?
Tom: Ja, genau deswegen. Und wegen der spitzen Titten.
Karsten: Du meinst wegen Michelle.
Tom: Und wegen der erst recht. Was soll ich denn sonst machen? Denkst du, die wartet morgen auf mich. Das kannst du glatt vergessen.
Karsten: Wieso? Das kannst du gar nicht wissen. Denkst du, sie hätte dir diesen Termin gesagt, wenn sie nichts von dir wissen möchte?
Tom: Weiß man's? Es gibt genug Menschen, die Späße auf Kosten anderer machen. Und Frauen sind da Spezialisten.
Karsten: Und du meinst, dass Michelle nun zu hundert Prozent auch so ein Mensch ist. Denkst du wirklich, dass sie dich unbedingt reinlegen will? Man Tom, wach auf! Wenn sie morgen nicht da ist, dann vergiss sie, und wenn du das nicht kannst, dann gehen wir eben nächste Woche wieder in dieselbe Disse und schauen, ob sie wieder da ist. Von mir aus die Woche darauf

auch noch mal. Ist sie dann da, dann kannst … nein, dann musst du es noch mal probieren. Egal, ob es einen Korb gibt oder nicht. Jetzt gib mir auch etwas von dem Wodka! Kannst nicht alles allein saufen. (entreißt ihm die Flasche und trinkt) Prost!

Tom: Ich auch. (fordert die Flasche zurück) Prost!

Karsten: Lass es dir schmecken.

Tom: (Tom trinkt, hebt dabei die Flasche und den Kopf gen Himmel und sieht beim Trinken etwas am Himmel, verschluckt sich fast) Hast du die gesehen? Bohhh, hast du SIE gesehen?

Karsten: Wen?

Tom: Die Sternschnuppe. Man, war das vielleicht ein großer Schweif. Einfach unbeschreiblich. Einfach …

Karsten: … einfach für den Augenblick gemacht.

Tom: Ja, nur für den Augenblick. (überlegt kurz) Es gibt eben Dinge, die sind nur für den Augenblick. Jeder Lebensweg oder jede Situation eines Menschen ist eine Art spezieller Augenblick. Auch wenn du die gleiche Situation dreimal auf einem Foto oder auf einer Videokamera hast oder irgendwo sonst, es ist niemals gleich. Immer anders. (fühlt und überlegt) Du erhältst nie wieder das gleiche Gefühl, wie in jenem Augenblick.

Karsten: Also genieße deine Sternschnuppe. Genieße deinen Augenblick. (denkt kurz nach) Irgendwie ist darin der Sinn des Lebens verborgen.

Tom: Der Sinn des Lebens. … Hmm …, also ich denke, den muss jeder selber für sich festlegen und entdecken. Finden. Ich denke, jeder Mensch hat für sich selbst, wenn er weiß, wie er leben möchte und für was er leben möchte und wenn er dann auch noch das „Warum" kennt, seinen Sinn des Lebens. Verstehst du?

Karsten: Nun ja. (zögert) Ja ja.

Tom: Kurz: Jeder Mensch hat seinen eigenen Sinn für das Leben.

Karsten: Deshalb ist der Sinn des Lebens so unbestimmbar.

Tom: Kann sein.

Karsten: Also ich bin überzeugt, dass man den Sinn des Lebens nie richtig finden kann. Es ist dasselbe, wie mit dem Menschen und dem menschlichen Ideal. Dem göttlichen Menschen. Man …

Tom: Fang bloß nicht mit Goethe an!

Karsten: Nein, aber der hat so einiges an sich.

Tom: Goethe?

Karsten: Nein „Faust" … also die Story. Jedenfalls glaube ich, dass man sich immer nur annähert, aber nie ankommt. Jeder ist seines Glückes Schmied! Jeder schmiedet selbst, um dem Sinn des Lebens näher zu kommen, ihn praktisch selbst zu erkennen. Prost!

Tom: Prost!

Eine kleine Pause tritt ein. Beide überlegen, über das Glück nach, über Sinn und Unsinn, über den Sinn des Lebens und … und über: Frauen. Doch dann bricht einer von beiden erneut die Stille.

Karsten: Warum sagst du nichts?

Tom: Das mit dem Sinn, das lässt mich überlegen. Doch ich will nicht weiter darüber labern, denn das Gequatsche darüber ist mir zu oberflächlich und am Ende stehen wir wieder am Anfang.

Karsten: Wenn du bei diesem Thema ins Detail und vor allem tiefgründig vorgehst, dann sitzen wir noch morgen hier. Dann ...

Tom: Dann sitzen wir morgen noch hier und ich verpasse meine Verabredung. Prost!

Karsten: (spricht in Reimen)
Das kann passieren!
Drum gehen wir
und saufen hier
und laufen bald auf allen Vieren,
weil wir so voll sind wie Haubitzen,
weil es Sommer ist und weil wir schwitzen.
Die Mädels ewig locken,
die Männer sich verzocken.
Ist die Flasche erst mal leer,
stehen wir hier, ganz ohne Ehr.
Drum nach Hause ganz geschwind,
bevor wir von der Lieb
ganz und gar verloren sind.
(übernimmt die Flasche)
Was für ein Reim. (ist stolz) Prost!

Tom: Alter Schwede! Bist ja ein richtiger Poet.

Karsten: Und Du ein Philosoph. Komm lass uns gehen. Sonst ... Wie du schon gesagt hast: Sonst sind wir am Ende ...

Tom: ... wieder am Anfang.

Karsten und Tom stehen auf und gehen einige Schritte, die Wodkaflasche liegt noch auf der Bank. Karsten sprintet zurück und die Flasche.

Karsten: Hey, die Pulle. Alter!

Ein Erzähler spricht:

„Der Vorhang ist geschlossen und das Stück hat sein Ende gefunden.

Jedoch das Leben im und rundherum um den Park geht seinen gewohnten oder auch so manchen ungewöhnlichen Gang weiter.

Schluss ist hier wirklich noch lange nicht!

Auch in Zukunft wird es Menschen geben, die in diesem Park spazieren gehen, die sich verlieben, sich entlieben, sich wieder neu verlieben, die sich streiten oder sich an der Gewalt, die sie ihrem Nächsten zufügen, erfreuen. Es wird sich aber auch wieder die Sorte von Mensch im Park aufhalten, die melancholisch im Selbstmitleid schwelgt und dabei eine Flasche Whiskey oder eine Flasche Wodka trinkt. Oder jene, die in allen Dingen immer etwas Positives sehen, ... um nur einige von ihnen zu nennen.

Der Vorhang ist am Boden.
Klappe zu, Affe tot!

Oder wie sagt man doch so schön im Neu-Neuhochdeutschen auf der Bühne:

The Show must go on!"

Weitere Publikationen von Jens Böhme:

Der Tausendfüßler (Roman)

Wenn ein Tausendfüßler statt zu laufen immer öfter daran denkt, ja nur nicht seine Füße zu verhakeln, dann wird er garantiert straucheln. Wenn ein junger, talentierter Schriftsteller sich ständig Sorgen darüber macht, ob ihm im Gespräch die richtigen Worte, Gesten und Reaktionen einfallen, dann wird er mit der Zeit seine Sprache und womöglich auch seine Inspiration verlieren. Genau so ergeht es Conrad Wipp: Er fühlt sich zunehmend als Versager, denkt viel zu viel über die Dinge des Lebens nach, anstatt sie einfach geschehen zu lassen; und deshalb versagt er in bestimmten Situationen tatsächlich. Erst eine ordentliche Kopfwäsche, die Liebe in ihrer überraschenden Gestalt von Miria der Buchhändlerin und einige unheimliche Begebenheiten schubsen ihn wieder auf den rechten Weg … und er muss sich beweisen. Nicht nur im Alltag, sondern auch in der Liebe.

ISBN: 978-3-86805-384-5